Knaur.

Knaur.

Über den Autor:

Daniel Wiechmann, geboren 1974, wuchs im Osten Berlins auf. Zwanzig Jahre später zog er nach München und besuchte dort die Deutsche Journalistenschule. Seitdem arbeitet er als freier Journalist und Autor.

Sie sind ein Mann ...

... der versucht seine Frau zu verstehen, inzwischen sechsunddreißig Fremdsprachen sowie vierundsiebzig afrikanische Dialekte fließend spricht und trotzdem jeden Abend einfach nicht mehr weiter weiß?

... der sich schon einige Male darüber gewundert hat, dass seine Frau gleichzeitig Diät machen *und* dicker werden kann?

... der als Beifahrer seiner Frau überlebt hat?

... der immer noch rätselt, warum seine Frau ausgerechnet immer dann Lust auf Sex hat, wenn im Fernsehen ein Champions-League-Spiel läuft?

... der jeden Tag betet, dass seine Frau endlich die passende Frisur findet, anstatt jeden Monat eine neue auszuprobieren?

Ja! Dann müssen Sie dieses Buch kaufen. Und es unbedingt auch Ihrer Frau zum Lesen geben.

Nein! Dann sind Sie entweder noch zu jung für Frauen, leben allein oder sind eher an Männern als an Frauen interessiert. Oder Sie sind eine Frau und haben auf dieser Seite überhaupt nichts zu suchen. In diesem Fall blättern Sie bitte weiter auf Seite 5.

Sie sind eine Frau ...

... die einfach nicht begreifen kann, wie ein Mann es übers Herz brachte, auf Bambis Mutter zu schießen?

... die findet, dass es auf der Fernbedienung ihres Fernsehers exakt siebenundfünfzig Tasten zuviel gibt?

... die bei einem Flugzeugabsturz als erstes in Panik verfällt, statt noch einmal Sex mit dem attraktiven Mann auf dem Sitz neben sich zu haben?

... die auf die Frage: »Möchten Sie Ihren Martini geschüttelt oder gerührt?«, mit »Ja« antwortet?

... die dreihundertsiebenundsechzig Handtaschen sowie siebenhundertzweiundvierzig Paar Schuhe besitzt – mit anderen Worten: viel zuwenig?

Ja! Dann müssen Sie dieses Buch kaufen.

Nein! Dann haben Sie die Fragen vermutlich nicht richtig verstanden. Lesen Sie sie bitte noch einmal.

Immer noch **Nein?** Dann haben Sie die Fragen immer noch nicht richtig verstanden. Lesen Sie sie bitte so lange, bis Sie alle Fragen mit Ja beantwortet haben.

Daniel Wiechmann

Zickenterror

Was Männer über Frauen denken

Knaur Taschenbuch Verlag

Besuchen Sie uns im Internet:
www.knaur-taschenbuch.de

Originalausgabe August 2005

Umschlaggestaltung: ZERO Werbeagentur, München
Umschlagabbildung: FinePic, München
Satz: Ventura Publisher im Verlag
Druck und Bindung: Clausen & Bosse, Leck
Printed in Germany
ISBN 3-426-62962-3

5 4

Sorry, liebe Frauen.

Aber dieses Buch war so
überfällig wie ein neues
Paar Schuhe.

Ihr habt doch hoffentlich
nicht ernsthaft geglaubt, dass ihr
uns Männer ewig auf den Arm
nehmen könnt?

Inhalt

Einführung

Wagt man anfangs des 21. Jahrhunderts eine Bestandsaufnahme zur Lage der Spezies Mann, stellen sich einem sechs Fragen:

1. Was hat sich die Natur eigentlich dabei gedacht, als sie etwas so Absurdes wie den Mann schuf?
2. Wenn ein Mann auf den Mond fliegen kann, warum fliegen nicht alle dahin?
3. Und bleiben dort?
4. Wann werden die Männer endlich aussterben?
5. Könnten sie das bitte ohne großes Aufsehen und irgendwo anders als vor den Augen der Frauen erledigen?
6. Zum Beispiel auf dem Mond?

Es war ein Mann, der Bambis Mutter erschossen hat. Männer sind dafür verantwortlich, dass ihre Partnerinnen nichts Gescheites zum Anziehen im Schrank haben und darüber vor lauter Kummer immer dicker werden. Männern wachsen Haare aus der Nase. Sie vergessen Geburts-, Hochzeits- und Valentinstage, damit in ihrem Hirn genug Platz bleibt, um sich die Fußballmeister der letzten dreißig Jahre zu merken. Männer können einen ganzen Tag verbringen, ohne ein einziges Wort zu sprechen. Und sie haben mit Absicht Haushaltsreiniger erfunden, die auf jeder noch so glatten Oberfläche immer nur unansehnliche Schlieren hinterlassen.

Diesen Schmutz müssen Frauen stundenlang und mit so unglaublicher Mühe wegschrubben, dass sie am Abend zu erschöpft sind, um noch darüber zu meckern, dass der Mann schon wieder vor dem Fernseher hockt, um einen Krimi zu gucken, während doch auf einem anderen Kanal ein schöner junger Priester verzweifelt gegen sein sehnsuchtsvolles Verlangen und seine Liebe zur Tochter des Dorfmetzgers ankämpft.

Mit anderen Worten: Männer sind an allem schuld.

Imagemäßig bewegen sich die Männer derzeit irgendwo zwischen einem haselnussgroßen tödlichen Tuberkel am Hypothalamus, der einen monatelang unter höllischen Schmerzen dahinsiechen lässt, und der übelriechenden Masse, die man alle paar Tage unter seinen Fußnägeln hervorkratzt.

Wenn es auf diesem Planeten etwas vollkommen Sinnloses gibt, dann sind es Männer.

Das erzählen zumindest die Frauen bei jeder passenden Gelegenheit. Bei den unpassenden Gelegenheiten erzählen sie es mit noch mehr Leidenschaft.

Seit Jahren reden Frauen den Männern ein, dass sie nichts weiter wären als gefühllose, beziehungsunfähige, frauenunterdrückende Grobiane. Das haben sie so lange getan, bis die Männer anfingen zu glauben, dass sie nichts weiter seien als gefühllose, beziehungsunfähige, frauenunterdrückende Grobiane. Und so wurden aus den lebenslustigen und wagemutigen, manchmal vielleicht ein wenig über das Ziel hinausschießenden, aber doch immer sympathischen Abenteurern von einst manisch depressive, sich zweimal am Tag duschende Sensibelchen, die statt Entschlossenheit und Todesverachtung einen Aktenkoffer sowie ein schlechtes Gewissen mit sich herumtragen.

Der größte Fehler in der Menschheitsgeschichte war, dass Männer tatsächlich begannen darüber *nachzudenken,* was ihnen die Frauen den lieben langen Tag so erzählten.

Doch damit nicht genug. Die Männer grübelten nicht nur darüber nach, was die Frauen ihnen erzählten, sondern sie versuchten auch noch, es zu *verstehen,* in der Hoffnung, das Zusammenleben mit dem anderen Geschlecht unkomplizierter und angenehmer zu gestalten.

Dabei gibt es in der Beziehung zwischen Männern und Frauen nur ein Problem.

Die Frau.

1. Kapitel

In welchem das Komplott der Frauen gegen die Männer aufgedeckt und die Wahrheit über die Perfektion der Frauen ans Licht gebracht wird.

Glaubt man der Eigenbeschreibung einer Frau, ist sie perfekt.

Es gibt nicht viele perfekte Dinge auf Erden.

Dazu gehörten die matt schimmernde Oberfläche der Schokocreme in einem gerade geöffneten Nutella-Glas, bevor man zum ersten Mal das Messer hineintaucht, die Farbe des Himmels an einem wolkenlosen Tag und der Moment, in dem ein Baby beim Blick in den Spiegel begreift, dass es sich selber sieht.

Frauen sind nicht perfekt.

Schon gar nicht sind sie superkommunikativ, supersozial, superkreativ, supermitfühlend und in dreiundvierzig weiteren Disziplinen super, weil sie mehr mit ihren *beiden* Gehirnhälften denken. Das ist Quatsch. Es stimmt auch nicht, dass Männer seit Millionen Jahren von ihrem Gehirn nur einen Teil benutzen, dessen Größe etwa der eines tödlichen Tuberkels am Hypothalamus entspricht, der einen monatelang unter höllischen Schmerzen dahinsiechen lässt.

Das einzige, was an Frauen wirklich perfekt ist, ist ihr Image.

Imagemäßig liegen Frauen irgendwo zwischen einem heißen Tag am Meer und einem heißen Tag am Meer mit einer Kiste kaltem Bier, die niemals leer wird. Besser geht's nicht. Und das, obwohl Frauen stundenlang Talkshows gucken, in Talkshows auftreten und sogar Talkshows moderieren. Das ist aber noch gar nichts im Vergleich zu den Antworten, die man von einer Frau auf die Frage bekommt, was Roaming sei. Sie reichen von: »Das würdest du wohl gerne einmal im Bett mit mir machen, was?« bis hin zu: »Ich steh nicht so auf Sport«.

Wie um alles in der Welt haben es Frauen geschafft, so zu sein, wie sie sind, und trotzdem so blendend dazustehen?

Das Geheimnis der Frauen heißt Marketing. Warum sind 90 Prozent der Beschäftigten im Marketing auf diesem Planeten Frauen? Ganz einfach: Frauen haben den Bogen raus, wie sie etwas perfekt aussehen lassen, bei dessen Anblick jeder vernünftige Mensch vor Schreck davonlaufen würde. Und bei sich selbst haben sie damit angefangen.

An und für sich ist das ein cleverer Schachzug. Und mal ehrlich: Immer nur schönsaufen kann Mann sich die Frauen ja auch nicht. Auf Dauer wäre das zu teuer, und Mann würde Gefahr laufen, an Leberzirrhose zu sterben, noch bevor ihn der haselnussgroße Tuberkel an seinem Hypothalamus monatelang unter höllischen Schmerzen dahinsiechen ließe. Nein, an und für sich ist das mit dem Eigenmarketing der Frauen eine gute Idee. Das Dumme daran ist bloß, dass zur Marketingstrategie der Frauen nicht nur gehört, fantastisch und nahezu perfekt auszusehen. Ein wesentlicher Bestandteil dieser Strategie ist es nämlich, die Männer schlechtzumachen, denn je schlechter die Männer aussehen, um so fantastischer und nahezu noch perfekter stehen die Frauen am Ende da. Womit wir wieder bei dem gefühllosen, beziehungsunfähigen, frauenunterdrückenden Grobian mit Aktenkoffer und schlechtem Gewissen wären. Das haben sich die Frauen wirklich geschickt ausgedacht. Was für ein gemeiner Plan!

Ein Plan, der so perfekt ist, wie Frauen gerne wären.

Aber leider gibt es Männer, die ihn durchschaut haben.

2. Kapitel

In welchem vor den Gefahren beim Teppichkauf gewarnt wird und mit Hilfe der Frau-Hund-Beziehung der endgültige Beweis erbracht wird, dass Frauen die Männer an der Nase herumführen.

Kennen Sie dieses Gefühl, das man hat, wenn man sich bei Teppich Bülek gerade einen drei mal vier Meter großen handgeknüpften echt originalen höhlengereiften Perserteppich gekauft hat und den Preis für das gute Stück in zähen Verhandlungen von sechstausend Euro auf zweitausenddreihundertfünfzig Euro gedrückt hat?

Erst spürt man diesen kleinen dummen Triumph, wenn der Verkäufer sagt: »Na gut, weil Sie es sind. Zweitausenddreihundertfünfzig, aber keinen Cent weniger. Das ist 1a-Spitzenqualität, müssen Sie wissen. Die Wolle für diesen Teppich wurde nach dem Einfärben luftgetrocknet und von tibetanischen Mönchen eine ganze Woche lang von Sonnenaufgang bis Sonnenuntergang gekämmt. Mann oh Mann, ich muss echt verrückt sein, Ihnen so einen Preis zu machen. Erzählen Sie bloß meinem Chef nichts davon. Der schmeißt mich gleich raus.«

Doch dann reicht man ihm die Visa-Karte, und in dem Moment, in dem der Verkäufer die Karte mit viel Gefühl durch das Lesegerät zieht, hat man so eine dumpfe Ahnung, dass man gerade tierisch über den Tisch gezogen worden ist und doch tatsächlich zweitausenddreihundertfünfzig Euro für einen Hundert-Euro-Lumpen bezahlt.

Exakt dasselbe Gefühl hat ein Mann, der mit einer Frau zusammenlebt.

Man kann nicht genau sagen, was es eigentlich ist. Man steht wie jeden Morgen unter der Dusche, frühstückt eine Kleinigkeit, schnappt sich den Aktenkoffer und macht sich auf den Weg ins Büro.

Und während man all dies macht, ist da unablässig so eine leichte dunkle Wolke, die sich einem aufs Gemüt legt.

Man überlegt, wann man eigentlich das letzte Mal Sex hatte.

Und erinnert sich nicht mehr daran.

Man fragt sich, worüber man gestern abend wieder mit seiner Frau gestritten hat, anstatt wilden, leidenschaftlichen und stundenlangen Sex zu haben.

Und erinnert sich nicht mehr daran.

Man denkt darüber nach, was man heute unbedingt im Supermarkt einkaufen und mit nach Hause bringen sollte. Die eigene Frau hatte es einem doch erst vor einer halben Stunde aufgetragen.

Und erinnert sich nicht mehr daran.[1]

Das Leben mit Frauen ist für Männer nicht leicht. Egal, was man macht, egal, wie sehr man sich Mühe gibt.

Etwas läuft immer schief.

Mal ist es eine achtlos neben den Mülleimer gestellte leere Bierflasche.

Ein anderes Mal sind es ein Hemd und eine Hose, die man angezogen hat. Sachen, in denen man sich wohl fühlt, in denen man nach Meinung der Liebsten aber wieder mal einfach nur »unmöglich« aussieht.

Und wehe, man vergisst, dass man die Zahnbürste nicht mit dem Kopf nach unten in den Zahnputzbecher stellt.

Es gibt keinen wirklichen Grund dafür, dass eine Zahnbürste mit dem Kopf nach oben stehen muss. Jedenfalls keinen, den ein Mann begreifen kann. Aber Frauen wollen das so. Und deshalb wird es so gemacht.

Früher war der Weg eines mutigen Mannes noch mit Leichen gepflastert. Heute sind es Bananenschalen und Fettnäpfchen. Und immer wenn ein Mann auf einer der

---

[1] Klar, dass ein Mann, der die wichtigen Einkäufe für seine Frau vergessen hat, sich die Sache mit dem wilden, leidenschaftlichen und stundenlangen Sex für diesen und einige weitere Abende abschminken kann.

Bananenschalen ausrutscht oder in eines der Fettnäpfchen tritt, steht seine Frau neben ihm, schaut ihn mit großen mitleidsvollen Augen an und schüttelt bedächtig den Kopf. Mit jeder ihrer Gesten gibt sie ihm zu verstehen, dass für ihn jede Rettung zu spät kommt. Ein hoffnungsloser Fall.

So sieht der Alltag von Männern aus, die mit Frauen zusammenleben.

Warum ist das so? Warum können Männer und Frauen nicht glücklich miteinander sein? Sich lieben, achten und ehren, in guten wie in schlechten Tagen, bis dass der Tod sie scheidet?[2]

Auf all diese Fragen gibt es nur eine Antwort: Weil die Frauen es nicht wollen.

Und dafür existiert ein unumstößlicher Beweis: Frauen sind glücklich mit Hunden.

Es gibt Unmengen an Frauen, die in den mal mehr, mal weniger sympathischen Vierbeinern einen echten Beziehungsersatz sehen. Sie reden mit dem Hund wie mit einem Mann. Sie schimpfen mit dem Hund wie mit einem Mann. Sie versuchen ihren Hund genauso zu

---

[2] Frauen behaupten gerne, der unbändige Sextrieb der Männer sei schuld an den ständigen Beziehungsproblemen (»Suche impotenten Mann fürs Leben.«). Das stimmt natürlich nicht. Ein sehr weiser Mensch hat einmal gesagt, dass der Sinn des Lebens darin besteht, zwischen zwei Orgasmen so viel Spaß wie möglich zu haben. Männer haben keine Ahnung, ob das tatsächlich stimmt. Aber selbst, wenn das nicht der Sinn des Lebens sein sollte, klingt es so, als hätte man mit diesem Leitsatz wenigstens eine gute Zeit auf Erden.

dressieren, wie sie es vorher mit ihrem Mann probiert haben.

Sie finden eine solche Beziehung überhaupt nicht merkwürdig? Na, dann passen Sie jetzt mal bitte ganz genau auf.

Wie sieht eine Frau-Hund-Beziehung in der Regel aus? Frauchen verlässt am frühen Morgen das Haus, um zur Arbeit zu gehen und Geld zu verdienen, während ihr Hund es sich zu Hause gemütlich macht, faul auf dem Sofa rumliegt und irgendwie die Zeit totschlägt. Kommt Frauchen nach Hause, wedelt ihr Hund fröhlich mit dem Schwanz und wartet ungeduldig darauf, dass er endlich etwas zu essen bekommt. Danach folgt der Höhepunkt des Tages: Frauchen und ihr stummer Freund gehen noch mal raus, um Gassi zu gehen und Ball zu spielen. So geht das jeden Tag. Und Frau und Hund sind vollkommen glücklich miteinander.

Jetzt stellen Sie sich die gleiche Situation mit einem Mann vor:

Jeden Morgen verlässt die Frau das Haus, um arbeiten zu gehen, während es sich ihr Mann auf dem Sofa bequem macht und irgendwie die Zeit totschlägt. Kommt sie endlich nach Hause, wedelt er schon fröhlich mit dem Schwanz und wartet darauf, dass sie endlich etwas zu essen macht. Denn nach dem Essen gehen die beiden noch ein bisschen raus in den Park, um Fußball zu spielen. Und wenn er mal muss, stehen ja genug Bäume in der Nähe.

Und? Wollen Sie immer noch behaupten, dass Frauen nichts gegen Männer haben? Millionen Männer sehnen sich nach genau so einem Leben.

Und kriegen es nicht.

Niemals.[3]

[3] Leser, die immer noch nicht überzeugt sind, dass Frauen die Männer an der Nase herumführen, geben bitte die Begriffe »Mann« und »Frau« in die Thesaurus-Funktion ihres Schreibprogramms am Computer ein. Während es der Mann bei den Synonymen gerade noch zum »Gentleman« und »Grandseigneur« schafft, reichen die angebotenen Entsprechungen für »Frau« von »Herrin« bis »Gebieterin« und münden schließlich in »Krone der Schöpfung«.

3. Kapitel

In welchem geschildert wird, wie das Leben zwischen Männern und Frauen aussah, als die Welt im Großen und Ganzen noch in Ordnung war, und wie schließlich das Unglück seinen Lauf nahm.

Früher war die Welt noch in Ordnung.

Die Höhlen hatten keine Türen, die man den Frauen aufhalten musste, beim Anziehen brauchte sich die Allerwerteste nur zwischen einem Mammutkleid und einem Mammutkleid entscheiden, und abends gab es zwischen Mann und Frau keinen Kampf um die Fernbedienung, weil sie wieder einmal sehen wollte, wie aus einem hässlichen, von allen verspotteten, übergewichtigen Mädchen unter dem Drill einer russischen Ballettdomina doch noch ein sterbensschöner tanzender Schwan wurde. Warum sollte ein Mann auch Gefallen an einer Tanzlehrerin mit Folterfaible finden, deren Stimme kälter ist als die Winter in Sibirien und die das letzte Mal gelacht hat, als in einem amerikanischen Propagandatrickfilm die

Mutter eines herzzerreißend süßen Rehkitzes erschossen wurde? Und warum sollte ein Mann einem hässlichen, übergewichtigen Mädchen dabei zugucken wollen, wie es tanzen lernt, wenn es doch viel schöner ist, wohlgeformten Frauenkörpern bei der rhythmischen Bewegung ihrer anmutigen Gliedmaßen zuzuschauen?

Früher also war die Welt noch in Ordnung. Es gab keinen Stress wegen schlechter Manieren, kein Rumgezicke vor dem Kleiderschrank und am Ende des Tages keinen Ärger wegen der Abendgestaltung. Entweder man guckte dem Schamanen dabei zu, wie er ein paar Mammutknochen ins Feuer warf und darauf wartete, dass mit ihnen irgend etwas ganz Außergewöhnliches passierte (was nicht geschah!), oder man döste so vor sich hin. Die Frauen träumten von einem neuen Mammutkleid, und die Männer träumten davon, bei der nächsten Mammutjagd das größte Tier zu erlegen. Oder noch besser, eines der Mammuts zu zähmen. Damit würden sie dann bis vor die Höhle reiten und von allen anderen bewundert werden. So vergingen Jahre voller Glück und Zufriedenheit.

Der einzige Nachteil, den das Höhlenleben damals hatte, war, dass man mit seiner Schwiegermutter ständig unter einem Dach lebte. Sagen wir also lieber, dass die Welt damals nicht in Ordnung, aber zumindest im Großen und Ganzen noch in Ordnung war.

Doch schließlich nahm das Unglück seinen Lauf.

Es war eine Frau, die das erste Wort der Menschheit sprach. Und es lautete: »Nein!«

Danach war es mit dem schönen Leben in der Höhle vorbei.

Die Vertreibung des Mannes aus dem Paradies begann nicht etwa mit dem Biss in einen gesunden Apfel, sie begann damit, dass die Frauen anfingen zu sprechen.

Brachte er ein neues Kleid von der Mammutjagd mit heim, und es gefiel der Frau nicht, weil es genauso aussah wie ihre anderen zwanzig Kleider, hieß es fortan nur noch: »Nein!« Legte er sich abends, von der Jagd noch vollkommen mit Blut besudelt, zu ihr ins Bett, um fantastische Zärtlichkeiten auszutauschen, erwiderte sie diese nicht mehr, sondern sagte »Nein!« und warf ihn raus.

Etwas irritiert hockten die Männer fortan Abend für Abend am Feuer. Sie schauten zu, wie der Schamane Mammutknochen in die Flammen warf, und warteten darauf, dass mit den Knochen irgend etwas ganz Außergewöhnliches passierte (was nie geschah!). So vergingen Jahrtausende. Die Männer versuchten alles, um die Frauen wieder für sich zu gewinnen. Sie bauten riesige marmorne Tempel mit traumhaft verzierten Säulen davor, deren Name sich kein Mensch merken konnte. Sie eroberten mal eben die halbe Welt. Sie flogen zum Mond. Sie erfanden die Waschmaschine. Sie bauten Eigentumshöhlen für alle, in denen man ohne Schwiegermütter leben konnte.

Und was taten die Frauen? Sie lernten nicht nur »nein« zu sagen, sondern erfanden auch noch die Worte »ja« und »vielleicht«. Vor allem letzteres Wort hat mehr zur

Entfremdung der Geschlechter beigetragen, als Schwiegermütter es je vermocht hätten.[4]

Tja, und von da an dauerte es nicht mehr lange, bis sich ein Mann bei dem Gedanken ertappte: »Vielleicht liegt es ja daran, dass ich ein beziehungsunfähiger, gefühlloser, frauenunterdrückender Grobian bin?« Und wissen Sie, was das Aufregendste war, was dieser Mann am Abend jenes Tages tat, an dem er diesen Gedanken hatte? Er änderte den Code des Zahlenschlosses an seinem Aktenkoffer.

Danach duschte er zwei Stunden lang.

---

[4] Siehe auch Kapitel 5, in welchem der Mythos Romantik entlarvt wird und der Leser einen ersten Ausflug in die unendlichen Weiten des Frauenuniversums wagt.

4. Kapitel

In welchem belegt wird, warum Männer und Frauen nicht zusammenpassen, eine Frau versucht einen Witz zu erzählen und einmal mehr klar wird, dass Männer im Leben nicht viel zu lachen haben.

Fragt man Frauen, wie sie sich ihren Traummann vorstellen, antworten sie zu 99 Prozent: Er muss toll aussehen, Humor haben und gut zuhören können.

Damit ist der Beziehung zwischen Männern und Frauen jede Grundlage entzogen.

1. Gutes Aussehen

Niemals werden Frauen und Männer darin übereinstimmen, was gut aussieht. Sieht man im Fernsehen eine leckere Blonde im knappen Bikini, kommt einer Frau nur ein knappes »Ach, wie billig« über die Lippen. Ein singender Frosch wie Robbie Williams dagegen versetzt Millionen Frauen in Ekstase. Auch die Tatsache, dass alte, faltige Männer, die das letzte Mal in ihrem Leben gelacht haben, als die Atombombe erfunden wurde, dafür aber sehr, sehr reich sind, gerne in Begleitung von blutjungen cellulitefreien Schönheiten angetroffen werden, steht in aufreizendem Widerspruch zum Traummannbekenntnis der Frauen.

2. Humor

Noch nie ist eine Frau mit einem Mann ins Bett gegangen, weil er ihr so tolle Witze erzählt hat.

Keine Ahnung, was Frauen genau unter Humor verstehen. Es hat aber auf keinen Fall mit etwas Lustigem zu tun. Oder, um es mit einem alten Sprichwort zu sagen: Humor ist, wenn eine Frau trotzdem nicht lacht.

Das Übel fängt damit an, dass Frauen die meisten Witze gar nicht verstehen und zwei Minuten nachdem sich alle kaputtgelacht haben, gerne noch einmal nach der Pointe fragen. Die besten Partys jedoch sind im Eimer, wenn eine Frau die Gelegenheit ergreift und verkündet, sie werde jetzt auch mal einen Witz erzählen. Krümmten sich Minuten zuvor noch alle vor Lachen und waren bester Stimmung, folgt nun ein Trauerspiel ohnegleichen.

Nehmen wir einmal folgenden Witz: Ein Mann und eine Frau begegnen sich in einer Bar, flirten miteinander und beschließen nach ein paar Drinks, gemeinsam zu ihr zu gehen. Sie machen es sich auf dem Sofa bequem und fangen an zu knutschen. Schließlich zieht der Mann sein Hemd aus und geht sich in der Küche die Hände waschen. Wenig später zieht er auch seine Hose aus. Wieder wäscht er sich die Hände. Die Frau wundert sich, überlegt eine Weile und sagt schließlich: »Ich habe dich noch gar nicht nach deinem Beruf gefragt. Aber ich glaube, du bist Zahnarzt. Richtig?« Überrascht antwortet der Mann: »Ja, das stimmt. Wie kommst du darauf?« – »Ganz einfach. Ich hab's am Händewaschen erkannt.« Wenig später landen die beiden im Bett und haben Sex. Kaum dass sie fertig sind, sagt die Frau: »Ich glaube, dass du ein sehr, sehr guter Zahnarzt bist.« Der Mann, sichtlich erfreut über das Kompliment, fragt wieder: »Wie kommst du denn darauf?« – »Ich habe überhaupt nichts gespürt!«

Eine Frau erzählt diesen Witz so:

»Also, da ist dieser Zahnarzt, der sich immer wieder die Hände wäscht. Und der lernt diese Frau kennen, die sofort merkt, dass er Zahnarzt ist, weil er sich immer die Hände wäscht. Und dann sagt sie ihm, dass sie gar nichts gespürt habe … hahaha …

… Nein, so geht der nicht …

… Ich fang am besten noch mal an …

… Also, da ist dieser Zahnarzt in der Bar und wäscht sich die Hände …

… Nein …, der geht eigentlich anders. Augenblick, wäre ja gelacht, wenn ich den nicht mehr zusammenkriege, was? …

… So, jetzt hab ich's …

… Da ist also dieser Mann, und der trifft eine Frau. Die beiden flirten miteinander und trinken und beschließen schließlich, zu ihr zu gehen. Sie machen es sich auf dem Sofa bequem und fangen an zu knutschen. Schließlich zieht der Mann sein Hemd aus und geht sich in der Küche die Hände waschen. Wenig später zieht er auch seine Hose aus. Wieder wäscht er sich die Hände. Die Frau wundert sich, überlegt eine Weile und sagt schließlich: ›Ich habe dich noch gar nicht nach deinem Beruf gefragt. Aber ich glaube, du bist Zahnarzt. Richtig?‹ Überrascht antwortet der Mann: ›Ja, das stimmt. Wie kommst du darauf?‹ – ›Ganz einfach. Ich hab's am Händewaschen erkannt.‹ Wenig später landen die beiden im Bett und haben Sex. Kaum dass sie fertig sind, sagt die Frau: ›Ich glaube, dass du ein sehr, sehr guter Zahnarzt bist.‹ Der Mann, sichtlich erfreut über das Kompliment, fragt wieder: ›Wie kommst du denn darauf?‹ …

… Mist, jetzt hab ich die Pointe vergessen.«

Nein, Frauen können einem den traumhaften Tag am Meer versauen, weil es ihnen in der Sonne zu heiß und im Schatten zu kalt ist. Sie können ihr Leben lang jeden Monat eine neue Frisur ausprobieren, ohne jemals die passende zu finden. Sie können während einer Achterbahnfahrt so laut schreien, dass man es selbst noch auf dem Mond hören würde. Sie können ein kleines Glas Bier in sage und schreibe hundert Schlucken austrinken. Sie können sich problemlos an die Geburtstage all ihrer Freunde erinnern. Sie können alle sechs Minuten auf die Toilette gehen, obwohl sie seit dem letzten Mal erst einen der hundert Schlucke von ihrem kleinen Bier getrunken haben. Sie können immer wieder vergessen, wo sich der Tankdeckel an ihrem Auto befindet. Sie können einer Fee begegnen, drei Wünsche frei haben und mit drei neuen Handtaschen nach Hause kommen.[5] Sie können gleichzeitig Diät machen und dicker werden.

Aber es gibt zwei Dinge, die können Frauen definitiv nicht: Witze erzählen und für fünf Minuten den Mund halten.

3. Zuhören können

Liebe Frauen, wir Männer würden euch wirklich gern öfter zuhören. Wenn ihr etwas Spannendes zu erzählen hättet.

---

[5] Den geheimen Grund, warum Frauen so sehr in Handtaschen vernarrt sind und sich immer und immer wieder eine neue kaufen können, auch wenn sie bereits mehr Handtaschen besitzen als Imelda Marcos Schuhe hatte, erfahren Sie in Kapitel 31.

5. Kapitel

In welchem der Mythos Romantik entlarvt wird und der Leser einen ersten Ausflug in die unendlichen Weiten des Frauenuniversums wagt.

Angeblich ist Romantik bei Frauen der Schlüssel, der Männern genau die Türen öffnet, die ihnen sonst verschlossen bleiben. Es scheint eine einfache Gleichung zu sein: Keine Romantik = kein Sex.

Wenn ein Mann nach der Arbeit nach Hause kommt, sich müde aufs Sofa fallen lässt und die Frage fragt, die für einen Mann eine der wichtigsten Fragen überhaupt ist, zumal wenn er Hunger hat: »Schatz, was gibt's denn heute zu essen?«, dann war's das mit dem Beischlaf für die nächsten Tage. Aus irgendeinem Grund finden es Frauen nämlich nicht romantisch, danach gefragt zu werden, was sie gekocht haben.

Was aber finden Frauen romantisch?

Licht scheint eine ganz große Rolle zu spielen. Aber es muss das richtige sein. Romantische Lichtquellen sind zum Beispiel Kerzen, Vollmond oder die Armaturenbeleuchtung eines sehr, sehr teuren Sportwagens. Ein auf drei Volt runtergedimmter Deckenfluter geht gerade noch so durch.

Vollkommen unromantisch finden Frauen dagegen das Licht in der Umkleidekabine im Kaufhaus,[6] Taschenlampen oder das Flutlicht im Fußballstadion.

Frauen finden es auch romantisch, wenn sie von einem Mann ins beste Restaurant der Stadt ausgeführt werden (wobei sie von jedem Gang des sündhaft teuren Essens wegen ihrer Diät immer nur gerade mal eine Gabelspitze vom Teller kratzen)[7] und beim Dessert einen haselnussgroßen, in allen Farben des Universums schillernden Diamanten geschenkt bekommen. Der König der Ro-

---

[6] Liebe Kaufhausbesitzer, warum baut ihr in die Umkleidekabinen ausnahmslos Licht ein, das den Frauen das Fortschreiten ihrer Cellulitis in aller schonungslosen Deutlichkeit zeigt? Wie wollt ihr ihnen Kleidung verkaufen, die ihnen das Gefühl gibt, die schönsten und begehrenswertesten Wesen auf diesem Planeten zu sein, wenn sie beim Umziehen zu sehen bekommen, dass sie nichts weiter als normale Frauen sind, deren Körper mit Fettdellen übersät ist? Und habt ihr eigentlich eine Ahnung, in welcher Verfassung Frauen, nachdem sie das gesehen haben, zu ihren Männern nach Hause kommen?

[7] Mittlerweile ist die Welt im Kampf gegen Landminen, die Umweltverschmutzung und die Anerkennung von Blutwurst als Lebensmittel vereint. Alles schön und gut. Aber wann tut endlich mal jemand was dagegen, dass Millionen Frauen in den besten Restaurants dieser Welt verhungern?

mantiker spricht dazu die Worte: »Dieser Diamant ist nichts im Vergleich zum Strahlen deiner Augen.« Und schon wähnt sich der gute Mann ganz nah am Ziel. Bald kriegt er Sex.

Romantik ist schließlich das wahre Vorspiel. Denn wenn im Frauenuniversum die Gleichung gilt »keine Romantik = kein Sex«, dann müsste im Umkehrschluss auch gelten: Romantik = Sex. Das denken jedenfalls die Männer. Und damit haben sie die Rechnung ohne die Frau gemacht. Denn für Logik und mathematische Gesetze ist im Frauenuniversum gerade mal so viel Platz wie für einen Hai im Goldfischglas.

Frauen denken tatsächlich anders als Männer. Hat es für das Wunder der Evolution ausgereicht, dass die Natur Informationen nach dem Ja-Nein-Schema in einem binären System verschlüsselt, hat das Frauenuniversum dem Ja und dem Nein noch eine weitere Variable zur Kodierung von Informationen hinzugefügt. So ist die sogenannte dritte Gedankensphäre entstanden.

Im Alltag ist die dritte Gedankensphäre besser bekannt als »herumzicken«.

Während Männer ausschließlich binär, also nach dem Ja-Nein-Schema ticken, entziehen sich die Frauen mit Hilfe der dritten Gedankensphäre jeglicher Kontrolle.

Nur eine Frau ist in der Lage, auf die Frage: »Möchtest du etwas essen?« zu antworten: »Vielleicht.«

6. Kapitel

In welchem der Leser tiefer ins Frauenuniversum vordringt und gründlicher in Struktur und Funktion der dritten Gedankensphäre eingeführt wird.[8]

Stellen Sie sich zwei ganz normale Männer vor. Einen großen dünnen und einen kleinen dicken. Man kann nicht sagen, dass die beiden Freunde sind. Sie kennen sich von der Arbeit und müssen jeden Tag dieselben drei Stationen mit dem Bus Nummer 53 fahren, bevor der eine in die Straßenbahn Nummer 23 umsteigt, während der andere nur noch zehn Minuten zu Fuß nach Hause braucht.

Beide haben vor fünfzehn Jahren noch geglaubt, dass

---

[8] Warnung: Für Männer ist das Vordringen in die dritte Gedankensphäre der Frauen ungefähr so, als würden sie ihren Fuß mit Salz einreiben und ihn von einer Ziege ablecken lassen. Es soll Menschen geben, die daran gestorben sind.

sie es im Leben einmal richtig zu etwas bringen werden, so dass alle beim Klassentreffen sie bewundern, wenn sie davon erzählen, dass es echt nervt, wenn Michael Schumacher mit seiner Yacht in Monte Carlo neben einem ankert:

> »Weißt du, der Schumi ist schon ein Netter. Aber der hört die ganze Zeit die Songs von BAP, Pur und De Höhner. Nur so ein Zeug. Und zwar volle Pulle. Als wir einmal mit Heidi und Claudia[9] gemütlich zum Skat beieinandersaßen und dann wieder mit hundertachtzig Dezibel ›Abenteuerland‹ von Pur aus Schumis Boxen jaulte, da mussten wir dem erst mal kurz Bescheid stoßen, dass wir in Monaco und nicht am Ballermann sind.«

Mittlerweile ist die größte Hoffnung der beiden Männer, wenigstens noch einmal miterleben zu dürfen, dass ihre Lieblingsmannschaft deutscher Fußballmeister wird.[10]

Stellen Sie sich also diese beiden ganz normalen Männer vor, wie sie aus dem Büro kommen und ihren Bus knapp verpasst haben. Der nächste fährt erst in zwanzig Minuten. In der Nähe steht eine Imbissbude.

---

[9] Mit *der* Heidi und *der* Claudia.

[10] Beide sind nicht Fans des FC Bayern München. Und das bedeutet leider, dass sie sehr, sehr alt werden müssen.

Fragt der Dünne den Dicken: »Hast du Hunger?«
Sagt der Dicke: »Ja.«
Der Dünne: »Ich habe auch Hunger. Holen wir uns doch eine Currywurst mit Pommes.«
Der Dicke: »Ja, super.«

So harmonisch und unkompliziert funktioniert die Welt der Männer.

Stellen Sie sich bitte nun einen großen dünnen Mann und eine kleine dicke Frau in genau derselben Situation vor.

Fragt der dünne Mann die dicke Frau: »Hast du Hunger?«
Sagt die dicke Frau: »Ja.«
Der dünne Mann: »Ich habe auch Hunger. Holen wir uns doch eine Currywurst mit Pommes.«
Die dicke Frau: »Nein, ich mache gerade Diät.«
»Na gut«, sagt der dünne Mann und kauft sich eine Currywurst mit Pommes.

Als der dünne Mann gerade zum dritten Mal von der Wurst abbeißt, nimmt sich die dicke Frau eine von seinen Pommes. Dann noch eine. Dann zwei auf einmal, die sie auch noch kräftig in Mayonnaise tunkt. Schließlich hat sie die Hälfte der Pommes aufgegessen.

Dann fragt die dicke Frau: »Kann ich mal von der Wurst probieren?«

Der dünne Mann lässt die Frau abbeißen und fragt: »Warum hast du dir nicht eine eigene Wurst gekauft?«

Sagt die dicke Frau: »Ich mache doch Diät«, und beißt noch mal von der Wurst ab.

Der dünne Mann: »Aber warum isst du dann die Hälfte von den Pommes und jetzt auch noch meine Wurst?«

Schreit die dicke Frau: »Siehst du, das ist alles deine Schuld, dass ich so fett bin. Tagein, tagaus muss ich hungern. Und was machst du? Gibst mir einfach dieses fette Zeug zu essen. Ich hasse dich!«

So funktioniert die dritte Gedankensphäre der Frauen.

Und jetzt versuchen Sie sich einmal eine große dünne und eine kleine dicke Frau in der gleichen Situation vorzustellen.

Sagt die Dünne: »Ach, ich könnte jetzt eine halbe Kuh essen, solch einen Hunger habe ich.« *(Sie denkt: »Wenn ich das täte, würde ich bald genauso fett aussehen wie eine Kuh – oder mindestens genauso fett wie du.«)*

Sagt die Dicke: »Ich bin gerade auf Diät.« *(Sie denkt: »Warte nur, noch ein, zwei Jahre, dann kriegst du auch Fettpölsterchen an den Hüften.«)*

Die Dünne: »Ich bin auch auf Diät.« *(Sie denkt: »So fett wie du will ich niemals sein.«)*

Die Dicke: »Was? Diät? Bei deiner phantastischen

Figur?« *(Sie denkt: »Und wenn du erst mal Kinder gekriegt hast, wirst du aufgehen wie ein Hefekuchen. Ein Stück Hefekuchen … noch warm … mit Streuseln … der wäre jetzt vielleicht lecker. Aber vor ihr würde ich den niemals essen. Diese blöde Kuh.«)*
Die Dünne: »Danke, findest du das echt?« *(Sie denkt: »So fett wie du will ich niemals sein.«)*
Die Dicke: »Du kannst es dir doch locker leisten, auch mal ein bisschen mehr zu essen.« *(Sie denkt: »Und wenn du nicht ständig diese Push-up-BHs tragen würdest, könnten alle sehen, dass deine Brüste schon ein bisschen hängen.«)*
Die Dünne: »Ganz im Gegenteil. Ich brauch nur an den Sachen zu riechen und habe schon ein Kilo mehr auf den Rippen.« *(Sie denkt: »So fett wie du will ich niemals sein.«)*
Die Dicke: »Das geht mir auch so. Das schlimmste aber ist, dass mein Mann essen kann, was er will. Und er nimmt kein Gramm zu.« *(Sie denkt: »Wann habe ich eigentlich das letzte Mal einen Hefekuchen gebacken?«)*
Die Dünne: »Ja, meiner auch.« *(Sie denkt: »Wenn ich jetzt alleine wäre, würde ich zu der Imbissbude da vorne gehen und mir eine Currywurst kaufen.«)*
Schweigen.
Nach einer Weile sagt die Dicke: »Männer sind Schweine.«
Die Dünne: »Ja, Männer sind echte Schweine.«
(Beide denken: »Männer sind Schweine.«)

7. Kapitel

In welchem ein Mann die Psychoanalyse erfindet und die Frauen es damit mal wieder sofort übertreiben müssen.

Zugegeben, wir Männer sind nicht ganz unschuldig an unserem Schicksal. Auch wir haben Fehler gemacht. Als etwa Sigmund Freud die Psychoanalyse erfand, hat er den Männern damit keinen Gefallen getan.

Bevor die Menschen wussten, dass sie eine Psyche haben, tat jeder, was er tun musste, und lebte glücklich bis ans Ende seiner Tage. Seit die Menschen wissen, dass sie eine Psyche haben, verbringen sie den halben Tag damit, darüber nachzudenken, warum sie etwas tun.

Während Männer einen vernünftigen Umgang mit der Psychoanalyse entwickelt haben (nach zehnminütigem und meist ergebnislosem Grübeln lassen Männer die Analyse sein und beschließen, erst mal ein kaltes Bier zu trinken),[11] müssen es die Frauen gleich wieder übertreiben.

Frauen finden es toll, stundenlange und komplett sinnlose Überlegungen anzustellen. Logisch, dass es ihnen da nicht ausreicht, nur darüber zu grübeln, warum sie eine bestimmte Sache gemacht haben. Also haben sie angefangen, auch zu analysieren, warum sie bestimmte Sachen *nicht* gemacht haben. Und es gibt unendlich viel, was sie nicht gemacht haben.

Zwischen dem Aufstehen um 7.30 Uhr und dem Weg in die Arbeit um 8.30 Uhr schafft es eine Frau locker, an tausend verschiedene Dinge zu denken, die sie *nicht* getan hat.

7.30 Uhr
Der Wecker klingelt.
7.31 Uhr
Warum habe ich nicht einen Mann geheiratet, der reich ist? Ich könnte jetzt noch eine Stunde im Bett bleiben und ausschlafen. Und wie Manfred heute morgen wieder riecht.

---

[11] Die Wirkung eines wohltemperierten Bieres auf die menschliche Psyche wird von Wissenschaftlern noch vollkommen unterschätzt. Würden Psychologen ihren Patienten nicht andauernd peinliche Fragen über ihre Kindheit stellen, sondern ihnen zu Beginn jeder Sitzung ein kühles, erfrischendes Bier anbieten – oder gar zwei –, wäre die Hälfte der Patienten bereits nach einer Woche psychisch wieder tiptop auf dem Damm.

7.32 Uhr
Zieh ich heute die grüne Bluse oder den schwarzen Rollkragenpulli an? Die sehen beide scheiße aus. Und wenn ich das blaue T-Shirt nehme und die weiße Strickjacke darüber? Nee, die Jacke macht mich total fett.[12] Warum habe ich mir gestern eigentlich dieses rote Kleid nicht gekauft? In der Umkleidekabine sah es tatsächlich so aus, als würde ich überall Cellulitis haben. Oh mein Gott, jetzt zieht Manfred diese Jeans tatsächlich noch mal an. Die trägt er doch schon seit zwei Wochen.

7.55 Uhr
Jeden Morgen dieses blöde Dreieinhalb-Minuten-Ei für Manfred. Dreieinhalb Minuten. Die hätte ich auch mal wieder gern. Ich sollte sein Ei genauso lange kochen, wie wir Sex haben. Mal sehen, wie dem Herrn sein Sechsunddreißig-Sekunden-Ei schmecken würde. Warum habe ich damals nicht einfach »nein« gesagt, als Manfred mich gefragt hat, ob ich mit ihm essen gehen will? Wenn ich zu jener Zeit auf Diät gewesen wäre, wäre mein ganzes Leben anders verlaufen.

---

[12] *Tip 1 für ein glückliches Leben:* Mut zur Wahrheit. Liebe Frauen, hört auf, immer zu sagen, diese Bluse oder jene Hose mache euch fett. Eine Hose hat keine Kalorien. Und sie kann auch nicht – im Gegensatz zu euch – mal eben die Luft anhalten und den Bauch einziehen. Ihr könnt das schon. Aber irgendwann müsst ihr einatmen, und dann wird's eng in den Klamotten. Warum also demütigt ihr euch immer mit Größe 36, während ihr euch in einer bequemen 40 pudelwohl fühlen würdet? Es sind nicht die Sachen, die euch fett machen. Ihr *seid* fett.

8.00 Uhr
Mmmh ... ist die Marmelade lecker. Da esse ich doch gleich noch ein zweites Brötchen. Mensch, der Manfred ist schon beim fünften. Der wird auch immer fetter.
8.02 Uhr
Oh mein Gott, jetzt hab ich schon wieder zwei Brötchen gegessen! Warum kann ich mich am Frühstückstisch nicht wenigstens einmal beherrschen?
8.25 Uhr
Wenn ich letzte Woche die Fahrprüfung bestanden hätte, dann könnte ich jetzt mit dem Wagen ins Büro fahren und müsste nicht diese muffige S-Bahn nehmen. Wieso habe ich eigentlich nicht gebremst, als der Lkw von rechts kam? Ich bin gespannt, wann mein Fahrlehrer wieder mit mir redet. Die Ärzte haben gesagt, es würde bis zu sechs Wochen dauern, bis seine Kiefer wieder zusammengewachsen sind. Meine Güte, sechs Wochen lang nicht sprechen können! Ich würde sterben vor Langeweile. Na ja, wenn man allerdings den ganzen Tag nur mit jemandem wie Manfred sprechen könnte, wäre man auch schon tot. Vor Langeweile.
8.28 Uhr
Mann, hab ich Hunger. Dabei hätte ich doch vorhin noch ein drittes Brötchen essen können. Warum habe ich das bloß nicht gemacht?

In diesem Stil geht es den ganzen Tag lang weiter. An und für sich ist diese Zeitverschwendung ja nicht schlimm. Wenn es die Frauen glücklich macht, sollen sie sich ihre Hirne ruhig zermartern. Das Schlimme ist nur, dass Frauen nicht still nachdenken können. Sie müssen sich zu allem Überfluss auch noch erklären. Dabei geht es nicht ziel- und problemlösungsorientiert darum, den Dingen auf den Grund zu gehen und sie zu klären, sondern es geht einzig und allein darum, der Welt oder wem auch immer ihre Sicht der Dinge mitzuteilen.[13] Sich selbst zu erklären.

Bei Frauen heißt es nicht: »Ich denke, also bin ich.«

Bei Frauen heißt es: »Ich rede, also bin ich.«[14]

Selbstverständlich hält jede Frau das, was sie da so

---

[13] Es ist nicht so, dass Frauen nicht in der Lage wären, Lösungsstrategien für Probleme zu entwickeln. Das Problem der Frauen ist eher, dass sie nur solche Problemlösungsstrategien in Erwägung ziehen, die ihrerseits wieder ein neues Problem verursachen. Ein Beispiel: Eine Frau hat furchtbaren Liebeskummer, weil sie einfach keinen Mann kennenlernt, der gut aussieht, Humor hat und gut zuhören kann. Um ihres Liebeskummers Herr zu werden, könnte sie jetzt (a) aufhören zu suchen, (b) sich in Arbeit stürzen und alles um sich herum vergessen oder (c) ihre Ansprüche der Realität anpassen. All diese Problemlösungsstrategien würden die Angelegenheit mit dem Liebeskummer für immer beenden. Wofür entscheidet sich eine Frau? Sie isst eine Tafel Schokolade. Danach hat sie zwar keinen Liebeskummer mehr, aber dafür Kummer wegen ihres Übergewichts.

[14] Es ist übrigens ein Mythos, dass Frauen mit Blumen sprechen, damit die Pflanzen besser wachsen und gedeihen. Sie wollen einfach nur quatschen.

von sich gibt, für das Wichtigste und Tollste, was je über die Lippen eines Menschen gekommen ist, und verlangt entsprechende Aufmerksamkeit und Huldigung.

Das ist das sogenannte Prinzessinnen-Syndrom.

8. Kapitel

In welchem das Prinzessinnen-Syndrom näher beschrieben wird und ein Märchenprinz mit seinem Schimmel auf der A8 Richtung München in den Stau geraten zu sein scheint.

Selbst Frauen mit einem Gewicht von hundertzwanzig Kilogramm, das unvorteilhaft auf eine Körpergröße von 1,63 Metern verteilt ist, leben in der festen Überzeugung, eines der schönsten und begehrenswertesten Geschöpfe zu sein, die der liebe Gott je über Mutter Erde hat wandeln lassen. Und so benehmen sie sich auch, den ganzen Tag.

Das Leben einer Prinzessin ist hart.

Während die Prinzessin davon träumt, dass sie endlich von ihrem Märchenprinzen auf einem Schimmel[15] in

---

[15] Warum wollen Frauen, dass der Märchenprinz auf einem Schimmel zu ihnen reitet? Weil es bei jedem Gefährt, das stärker motorisiert ist als mit einer Pferdestärke, bei den Frauen sofort kriminell wird. Siehe auch

dessen unsagbar riesiges und schönes Schloss entführt wird, in dem sie ein Ankleidezimmer hat, das so groß ist wie drei Fußballfelder,[16] brüllt der Chef sie aus seinem Büro nebenan an, dass der Kaffee kalt sei und sie gefälligst neuen aufsetzen solle. Kein Wunder, dass eine Prinzessin ihre gesamte Umgebung als ständige persönliche Beleidigung empfindet. Die Diskrepanz zwischen der Realität und dem ihr eigentlich zustehenden Leben setzt eine Prinzessin unter enormen psychischen Druck.

Diesen Druck muss sie irgendwo ablassen.

Am besten an dem Mann, mit dem sie sich tröstet, während der Märchenprinz mit seinem Schimmel auf dem Weg zu ihr irgendwo auf der A8 Richtung München in den Stau geraten zu sein scheint.

Der Morgenkaffee ist zu süß, der eigene Mann sieht nicht aus wie Brad Pitt,[17] die Schuhe im Schuhschrank sind zu alt, und die Kollegen in der Arbeit sind doof. Kurzum, jeden Tag gibt es für die Prinzessin eine Menge Gründe, schlecht gelaunt zu sein und ihrem Partner vor-

---

Kapitel 22, in welchem die Geschichte autofahrender Frauen erzählt wird. Eine Geschichte voller Missverständnisse.

[16] Noch immer rätseln Wissenschaftler, warum die Größe des Ankleidezimmers einer Frau absolut kongruent ist mit ihrem Gefühl, nichts zum Anziehen zu haben. Je größer der Raum und je mehr Kleider sich darin befinden, desto mehr jammert eine Frau, sie habe keine passenden Kleider.

[17] Ist es nicht unglaublich, wie viele Frauen tatsächlich glauben, dass sich Brad Pitt sofort in sie verlieben würde, wenn er sie erst einmal kennenlernte?

zuwerfen, dass sie sich gar nicht mehr erinnern könne, wann sie das letzte Mal einen Blumenstrauß oder eine andere kleine Aufmerksamkeit von ihm geschenkt bekommen habe.

Er: »Aber das war doch erst vor zwei Wochen.«

Was für ein dummer Fehler!

Anstatt seine Schuld reumütig einzugestehen und umgehend einen Diamantring aus der Hosentasche zu ziehen, darf Mann sich nun anhören, dass das letzte Geschenk bereits dreiundvierzig Tage her ist. Eine Frau mag zwar hin und wieder vergessen, ob sie auf dem Weg zum Supermarkt hinter der Käfergasse nun links oder doch eher rechts abbiegen muss. Wann sie das letzte Mal ein Geschenk erhalten hat, vergisst eine Frau aber nie.

Und eine Prinzessin schon gar nicht.

9. Kapitel

In welchem die häufigsten Todesursachen bei Männern aufgelistet werden und einmal mehr belegt wird, dass Frauen ihre Männer belügen.

Die häufigsten Todesursachen bei Männern sind:

1. Friedlich in der Oper einschlafen.[18]
2. In der Schlange im Supermarkt vor Langeweile sterben, während an der Kasse eine Siebzigjährige versucht, eine Banane, einen Apfel und eine Tüte Milch zu bezahlen.
3. »Schatz, was gibt es denn heute zum Abendessen?« – »Lass dich überraschen. Ich hab da mal was ausprobiert.«

---

[18] Wussten Sie eigentlich, dass das von einer Sopranistin geträllerte hohe C in den Ohren von Männern genauso klingt wie das Summen eines Zahnarztbohrers? Dabei empfindet man einfach kein Vergnügen.

4. Herzinfarkt beim Blick auf die Kreditkartenabrechnung, nachdem die Frau einen kleinen Boutiquenbummel gemacht hat.
5. Das, was passiert, nachdem ein Mann zu einer Frau gesagt hat: »Schatz, es ist nicht so, wie es aussieht.«

Apropos Oper. Auch das ist eine dieser unglaublichen Schwindeleien von Frauen. Immer wenn Frauen nichts besseres einfällt, um einem den Tag zu verderben, maulen sie:

> »Och, ich würde so gerne mal wieder in die Oper gehen. Nie gehst du mit mir in die Oper. Ich liebe Opern.«

Das ist eine Lüge.

Fragen Sie eine Frau doch einfach mal, was genau die Witwe Larina aus Peter Tschaikowskys Oper *Eugen Onegin* zu Beginn des ersten Akts macht, während sie dem Zwiegesang ihrer beiden lieblichen Töchter lauscht.

Sie wird es nicht wissen.

Haben Sie schon mal erlebt, dass ein Mann, der behauptet, Fußball zu lieben, nicht weiß, in welche Ecke Andi Brehme den entscheidenden Elfmeter im WM-Finale 1990 schoss?

Es war die linke.

Haben Sie schon mal erlebt, dass ein Mann, der behauptet, Autos zu lieben, nicht weiß, dass es sich beim

Differentialgetriebe um ein Planetengetriebe handelt, das im wesentlichen aus einem großen Tellerrad, einem Triebling und Kegelrädern besteht?

Haben Sie schon einmal erlebt, dass ein Mann, der behauptet, ihn fasziniere die Kernspaltung außerordentlich, nicht den Unterschied zwischen dem Alpha- und Betazerfall von den an der Spaltung beteiligten Isotopen kennt?

Nein, wenn eine Frau in die Oper will und wenn sie schließlich selig den Klängen des Orchesters und dem Gesang der Darsteller zu lauschen scheint, während sich in ihrem Antlitz dieser feine Schimmer romantischer Verzückung widerspiegelt, dann ist es nicht die Musik, die sie in derart zarte Erregtheit versetzt, sondern das Wissen um das Leid und die Qual des Mannes, der neben ihr sitzt.

Witwe Larina kochte übrigens Beeren ein.[19]

---

[19] Falls Ihnen die Frage nach Tschaikowskys Oper *Eugen Onegin* zu fachspezifisch vorkommt, können Sie es gerne auch mit einfacheren Fragen versuchen:

1. Nenne mir einen weiteren Charakter aus *Don Giovanni* neben dem Titelhelden.
2. Wer wird eigentlich aus dem Serail entführt?
3. Was passiert, wenn eine Frau die Zauberflöte bläst?

10. Kapitel

In welchem der perfekte Mann von einer Frau verlassen wird und Frauen erfahren, wie Horoskope wirklich entstehen.

Was geschieht, wenn eine Frau endlich einen wahnsinnig tollen Mann gefunden hat? Einen, der wirklich gut aussieht und um den sie alle ihre Freundinnen beneiden. Einen, der keine derben Zoten reißt, sondern Humor hat und ihr gerne zuhört. Einen, der sich über ihre Probleme nicht lustig macht, sondern ernsthaft darüber nachdenkt, warum sie sich einfach nicht merken kann, ob sie jetzt gegen den Mascara von L'Oréal oder den von Rimmel allergisch ist. Und immer den falschen kauft.

Einen, der sofort sieht, wenn sie müde ist, der den Abwasch macht und danach noch ihre Lieblingsbluse bügelt, damit am nächsten Tag im Büro all ihre Kolleginnen neidisch sind, wie gut sie wieder aussieht. Es ist ein Mann, der sich seiner Tränen nicht schämt und der jeden anderen Mann auf der Welt im Armdrücken schlagen könnte, es aber niemals tun würde, weil er findet, dass Armdrücken eine Sache ist, mit der sich nur gefühllose, beziehungsunfähige Grobiane und andere hirnlose Potenzprotze beschäftigen.

Apropos Potenzprotz. Jeden Morgen reitet dieser Mann auf seinem Schimmel über die Wiesen und Felder. Wenn er von seinem Ausritt zurückkommt, duscht er als erstes. Zum einen, um sauber zu werden. Zum anderen, um mit seiner Frau wilden, leidenschaftlichen und stundenlangen Sex zu haben, bei dem er selbstverständlich immer zuerst an sie und niemals an sich denkt. Er ist ein begnadeter Techniker im Bett. Und mit seiner Zunge kann er länger und schneller trommeln als das Duracell-Häschen.

Mit anderen Worten: Er ist der perfekte Mann.[20]

Und was macht sie?

Sie lässt ihn sitzen.

Weil er Steinbock ist.

Sie ist Waage.

Und Steinbock und Waage passen einfach nicht zusammen.

Vertrauen ist gut. Aberglaube ist besser. Frauen vertrauen blindlings den Horoskopen, die sich irgendwelche

---

[20] Viele Frauen glauben, dass Barkeeper all diese Eigenschaften in sich vereinen. Das stimmt natürlich nicht. In Wahrheit sind es die Tierpfleger der Elefanten im Zoo.

Esoteriker für sie ausdenken. Haben Sie eine Ahnung, wie Horoskope entstehen? Vergessen Sie den Quatsch über Sternenkonstellationen und die Venus im 5. Haus des Saturn.

Echte Horoskope entstehen so:

Frauenzeitschrift XY braucht am Dienstag das Horoskop für das neue Heft. Am Mittwoch ruft die zuständige Esoterikfachkraft Irma Gonzuela Manna Eniek Gnunha in der Redaktion an, um sich zu entschuldigen, dass der kriegerische Marseinfluss gestern ihre seherischen Fähigkeiten leider vollkommen vernebelt habe.

Vernebelt war Irma Gonzuela Manna Eniek Gnunha schon. Sie hatte mit ihrem alten Kumpel Jürgen im Pilspub *Zum Sorgenbrecher,* nur ein paar Schritte von ihrer Wohnung entfernt, einen über den Durst getrunken. Der Mars legte unterdessen 124 589 Kilometer im Weltall zurück, und man könnte fast sagen, dass ihm Irma Gonzuela so dermaßen am Arsch vorbeiging, wie man es sich gar nicht vorstellen kann.

Am Donnerstag um 10.30 Uhr wacht Irma wieder verkatert auf. Neben einem Mann, den sie noch nie zuvor gesehen hat. Fluchtartig verlässt sie die Wohnung, die sie ebenfalls noch nie zuvor gesehen hat.

Um 11.48 Uhr erinnert sich Irma daran, wer dieser Mann war. Sie hatte ihn am Abend zuvor im *Sorgenbrecher* kennengelernt. Er war zu ihr gekommen, als Jürgen nach seinem elften Schnaps plötzlich ganz steif wurde und einfach vom Stuhl kippte. Eine halbe Stunde später kippte auch Irma um.

Um 12.30 Uhr erschrickt Irma, wie hoch und schrill die Stimme der Redakteurin der Frauenzeitschrift XY auf ihrem Anrufbeantworter ist. Irma nimmt zwei Aspirin und spritzt sich einen doppelten Espresso intravenös.

Um 12.31 Uhr beginnt Irma das Horoskop zu schreiben.

Kurz die Zeitung aufgeschlagen und von einem Erdbeben in Taiwan gelesen, schon wird das Leben der Steinböcke im kommenden Monat ordentlich durcheinandergerüttelt. Im Radio schnulzt Robbie Williams gerade zufällig »I just wanna feeeeel real love ...«, und schon spüren die Fische in den kommenden Wochen einen starken Venuseinfluss, der sich positiv auf ihr Liebesleben auswirken kann.

Die Kunst, ein Horoskop zu schreiben, an das Frauen glauben, besteht darin, sich niemals festzulegen und die Zukunft möglichst vage zu halten.

Die Formulierung »Es wäre durchaus möglich, dass Ihnen vielleicht bald eine Gehaltserhöhung winken könnte« versetzt Frauen in Ekstase. Und man ahnt gar nicht, wie aufgeregt Frauen werden können, wenn in ihrem Horoskop steht: »Passen Sie gut auf! Auf einer Party könnten Sie einen interessanten Menschen kennenlernen.« Das bedeutet einen Monat lang Herzklopfen.

Und wenn die Frau dann den ganzen Monat über nur Langweiler und Wichtigtuer getroffen hat, ist sie todunglücklich. Nicht etwa, weil sie erfahren musste, dass ihr

Horoskop dieselben seherischen Fähigkeiten besitzt wie ein Stück Brot. Nein, die Frau ist todunglücklich, weil sie nicht gut genug aufgepasst hat.

Und Irma hat wieder tausendvierhundertsechsundfünfzig Euro verdient, die sie im nächsten Monat im *Sorgenbrecher* auf den Kopf hauen kann.[21]

[21] Zzgl. 16 Prozent MwSt.

11. Kapitel

In welchem der Unterschied zwischen echten und falschen Frauenverstehern erklärt wird und die Sätze fallen, die Frauen vor einer Umkleidekabine auf keinen Fall hören wollen.

Während sich die meisten Männer unter dem Einfluss der Frauen von lebenslustigen und wagemutigen, manchmal vielleicht ein wenig über das Ziel hinausschießenden, aber doch immer sympathischen Abenteurern in manisch depressive, sich zweimal am Tag duschende Sensibelchen verwandelt haben, die statt Entschlossenheit und Todesverachtung einen Aktenkoffer und ein schlechtes Gewissen mit sich herumtragen, wählte ein Teil der männlichen Spezies einen anderen Weg. Die Rede ist von den sogenannten Frauenverstehern.[22]

[22] Echte Frauenversteher sind nicht zu verwechseln mit Männern, die nur so tun, als ob sie Frauenversteher wären, um die Frauen schneller ins

Frauenversteher sind Männer, die sich tatsächlich tiefer in das Frauenuniversum vorgewagt haben als alle anderen und dabei keinen Schaden durch die für Männer sonst so gefährliche dritte Gedankensphäre der Frauen genommen haben.[23] Frauenversteher sind in der Lage, noch etwas anderes als Spiegeleier zu kochen, diskutieren über ihre Gefühle und hören einer Frau aufmerksam zu, ohne ihren Redefluss zu unterbrechen, indem sie nur hin und wieder ein erstauntes »Wirklich?« oder »Ach, du Ärmste« in den Monolog einstreuen, um zu signalisieren, dass sie ganz bei der Sache und keineswegs eingeschlafen sind.

Frauenversteher fahren auf der Autobahn nie schneller als hundertzwanzig. Sie scheiden alle ihre Körperflüssigkeiten so unauffällig und vor allem geräuschlos aus, dass Frauen davon niemals etwas mitbekommen, und tragen Hosenträger und Gürtel gleichzeitig (zur Sicherheit). Kauft ein Frauenversteher Wolle, kontert er

---

Bett zu kriegen. Sie können genau wie die echten Frauenversteher Gedichte auswendig aufsagen (zumindest eines), sie schlafen in der Oper nicht ein und sind in der Lage, mindestens drei vollkommen verschiedene Gefühle zu zeigen. Man erkennt falsche Frauenversteher an drei Merkmalen: 1. Gel in den Haaren. 2. Gel in den Brusthaaren. 3. Rasierte Schambehaarung. Meistens ist es dann aber sowieso schon zu spät.

23 Es gibt eine Theorie, wonach bei diesen Männern ein haselnussgroßes tödliches Tuberkel in der Nähe des Hypothalamus genau jenen Nerv abklemmt, der sonst den Selbstzerstörungsbefehl an das männliche Gehirn weiterleitet, sobald dieses unversehens in die dritte Gedankensphäre der Frauen geraten ist.

die Bemerkung der Verkäuferin, er könne die Ware umtauschen, wenn sie seiner Frau nicht gefalle, höflich, aber bestimmt mit dem Satz: »Nein danke, ich stricke selbst.«[24]

Frauenversteher halten Frauen die Tür auf und haben einen Blumenstrauß und eine Packung Konfekt dabei, wenn sie die Schwiegermutter besuchen. Sie loben Schwiegermutters Sandkuchen, selbst wenn der trockener ist als eine Wanderdüne in der Sahara, und interessieren sich selbst für Details der Krankheiten, unter denen die Schwiegermutter leidet. Bereitwillig lassen sich Frauenversteher von ihrer Schwiegermutter die gerade mal drei Tage alte Narbe ihrer Nieren-OP zeigen, und staunend bewundern sie die feinfühlige Arbeit des Chirurgen.[25]

Außerdem sitzen sie stundenlang geduldig vor der Umkleidekabine einer Boutique und geben zu jedem Kleid, das die Frau anprobiert, den passenden Kommentar ab.

---

[24] Dem aufmerksamen Leser wird nicht entgangen sein, dass viele dieser Verhaltensmuster so auch bei Schwulen zu finden sein könnten. Das ist richtig und von den Frauenverstehern auch bewusst so gewollt. Schließlich schwärmen Frauen immer wieder davon, wie sensibel, einfühlsam und klug sie sich von schwulen Männern behandelt fühlen.

[25] Wenn echte Männer in diese prekäre Situation kommen, neigen sie dazu, beim Anblick der Narbe zu sagen: »Mensch, die sieht man ja gar nicht, die hat er aber gekonnt in deiner Bauchfalte versteckt. Was?« Und schon haben wir einen Gewinner. Der Preis? Ein Erster-Klasse-Ticket für eine Reise in die Schwiegermutterhölle. Alles inklusive.

Folgende Sätze wollen Frauen vor einer Umkleidekabine *nicht* hören:

1. »Die Farbe steht dir nicht.«
2. »Gott, siehst du in dem Kleid fett aus.«
3. »Die sieht doch genauso aus wie die Bluse, die du dir letzte Woche erst gekauft hast.«
4. »Hundertsechzig Euro für so ein bisschen Stoff? Du hast sie wohl nicht mehr alle.«
5. »Können wir endlich gehen?«

Folgende Sätze *wollen* Frauen vor einer Umkleidekabine hören:

1. »Also ich finde, dass die Farbe dieses Kleides deine strahlend blauen Augen überhaupt nicht betont. Lass uns doch lieber noch ein anderes probieren.«
2. »Der Mann, der dieses Kleid entworfen hat, hat noch nie in seinem Leben eine Frau gesehen. Zieh das lieber schnell aus und lass uns noch ein anderes Kleid probieren.«
3. »Also, diese Bluse steht dir genauso fantastisch wie die, die wir letzte Woche gekauft haben.«
4. »Hundertsechzig Euro? Geschenkt. Da können wir doch gleich noch nach einer passenden Hose gukken.«
5. »Wenn wir es heute nicht mehr schaffen, alle Kleider zu probieren, können wir gerne morgen wieder einkaufen gehen.«

Frauenversteher haben den Unterschied zwischen diesen Sätzen begriffen.

Was aber haben die Frauenversteher davon, dass sie so sind, wie sie sind?

Falsche Frauenversteher haben ein klares Ziel vor Augen: Sex. Was aber erhoffen sich die echten Frauenversteher? Wollen sie auch Sex? Nein, denn keine Frau verliebt sich ernsthaft in ein strickendes Weichei, das früher oder später auf der Autobahn von einem Zwölftonner plattgemacht wird, der von einem dicken, dezent nach Verwesung riechenden Truckerfahrer gesteuert wird, der in der einen Hand die Fernbedienung des Fernsehgeräts hält, das er auf dem Armaturenbrett installiert hat, und mit der anderen in der Nase popelt.

Nein, Sex ist es nicht, worauf die echten Frauenversteher aus sind. Die echten Frauenversteher haben den Kampf aufgegeben. Sie wurden von den Frauen zu dem gemacht, was alle Männer früher oder später nach dem Willen der Frauen einmal sein werden. Die Frauenversteher sind der lebende Beweis dafür, dass friedliche Koexistenz zwischen den Geschlechtern möglich ist.

Aber keinen Spaß macht.

12. Kapitel

In welchem empfohlen wird, sich bereits vor kleinen Mädchen in acht zu nehmen, da diese mit der furchtbarsten aller Frauenwaffen ausgerüstet sind.

Frauen kommen nicht als Zicken zur Welt. Es ist viel schlimmer: Frauen werden als kleine blondgelockte Engel geboren. Ausgestattet mit der furchtbarsten aller Waffen zur Demontage der Männer.

Im fortgeschrittenen Zickenstadium sind die Waffen einer Frau zweifelsfrei zu identifizieren: tiefe Dekolletés, lange Haare, kurze Röcke, Kopfschmerzen, der »Vielleicht«-Einsatz, Tränen, Apfelkuchen und folgende Sätze:

»Kannst du mir bitte den Reißverschluss hinten an meinem Kleid zumachen?«
»Nein, nicht dort ... es tut ein bisschen weiter unten weh ... noch ein wenig nach links ... ja, genau da musst du drücken.«

»Oh mein Gott, das war unglaublich.«[26]

Nach einer Weile hat Mann den Bogen raus und weiß sich gegen den Einsatz dieser Waffen wenigstens halbwegs zur Wehr zu setzen. Der Waffe eines kleinen Mädchens steht er jedoch schutz- und hilflos gegenüber. Es sind die Augen.

Ein Mann, der einmal in die Augen eines kleinen Mädchens geblickt hat, wird nichts weiter darin entdecken können, als ein sich in der Unendlichkeit ausstreckendes Universum der Unschuld.

Bereits in jungen Jahren zeigen die kleinen Mädchen ein erstaunliches Talent, diese Waffe wirkungsvoll einzusetzen. Ein Beispiel: Ein Junge ist auf einem Kindergeburtstag. Michi will sich nicht küssen lassen, weil:

1. Er den Schleim eklig findet.
2. Es vor den anderen uncool wäre.
3. Das Mädchen hässlich ist wie die Nacht.

Das alles sind gute Gründe, dem Ansinnen des kleinen Mädchens energisch zu widersprechen. Trotzdem hat der Junge keine Chance. Weigert er sich, drückt das

[26] Gern benutzt eine Frau diese Sätze auch unmittelbar aufeinanderfolgend. Meist kurz bevor sie sich mit ihrem Mann auf den Weg zu einer Party bei Freunden machen muss. Es geht nicht etwa darum, dass sie Sex haben will. Sie weiß einfach, dass die auf der Party anwesenden Männer und vor allem die auf der Party anwesenden Frauen ihr ansehen werden, dass sie gerade Sex hatte.

kleine Biest Sekunden später auf den geheimen Tränenknopf, mit dem alle Frauen ausgerüstet sind, rennt zu Michis Vater und petzt: »Der Michi hat mich gehauen.«

Michis Vater kennt seinen Sohn. Michi ist ein netter kleiner sympathischer Junge, der sich damit beschäftigt, seinen Hamster zu Hause an eine Neun-Volt-Batterie anzuschließen, den Rotz, der ihm ständig aus der Nase läuft, immer wieder am Ärmel seines Pullovers abwischt, statt ein Taschentuch zu benutzen, und am Esstisch aus Messern, Gabeln und einem Löffel ein Spinatkatapult baut, weil er Spinat nicht ausstehen kann.

Niemals aber würde der Michi kleine Mädchen hauen.

Michis Vater weiß das. Aber er blickt in die Augen des kleinen Mädchens. Er sieht den feuchten Tränenschimmer, der sich im unteren Augenlid sammelt, und verliert sich schließlich in der Unendlichkeit des Universums der Unschuld, in der sich jeder Mann verliert, der zu lange in die weit aufgerissenen Augen eines kleinen Mädchens schaut.

Tja, und das war es dann für den Michi.

13. Kapitel

In welchem von der einzigen Sache auf der Welt berichtet wird, an der eine Frau tatsächlich noch mehr auszusetzen hat als an ihrem Mann.

Es gibt Dinge, über die man sich besser nicht lustig macht. Dazu gehören Opas Unterhosen, Nichtschwimmer auf der Titanic und die Frisur einer Frau.

Zu dumm nur, dass jede neue Frisur erst mal eine Woche lang scheiße aussieht.

Die Beziehung zwischen Frauen und Haaren ist daher in etwa so herzlich wie die zwischen russischen Militärmilizen und tschetschenischen Freiheitskämpfern. Immer gibt es an den Haaren etwas herumzumeckern. Überhaupt sind Haare die einzige Sache auf der Welt, an der eine Frau noch mehr auszusetzen hat als an ihrem Mann. Entweder sind die Haare zu kurz, zu lang, sie splissen, sind zu struppig, nicht glatt genug, fallen in die Stirn, sind blond, sind braun, sind rot, verdecken die Segelohren nicht ausreichend, haben kein Volumen, sind stumpf, anstatt zu glänzen …

Wären Friseure Männer und nicht homosexuell, wären die Gefängnisse voll mit Coiffeuren, die ihren Kundinnen im Affekt noch ein wenig mehr als nur die Haare abgeschnitten haben.

So aber können die Frauen sich von ihren Friseuren nicht nur den letzten Schrei[27] in Sachen Trendfrisur aufschwatzen lassen, sondern auch noch ungestraft ihren ganzen Seelenmüll im Salon abladen.[28]

Dabei kommt den Frauen nicht einmal ein Wort des Protests über die Lippen, dass sie für dieselbe Leistung des Friseurs 30 bis 40 Prozent mehr bezahlen müssen als ein Mann. Kommt euch das nicht manchmal ein bisschen komisch vor, liebe Frauen?

Und wie wir bereits in Kapitel 4 erfahren haben, in welchem eine Frau versuchte, einen Witz zu erzählen, und einmal mehr deutlich wurde, dass Männer in ihrem Leben nicht viel zu lachen haben, sind die Erfolge der Frauen bei ihren unzähligen Friseurbesuchen ungefähr genauso spektakulär wie die Balzversuche eines Truckerfahrers, der seine Angebetete für sich einzunehmen versucht, indem er Kinderlieder rülpst. Beides, der

[27] Apropos letzter Schrei. Den gibt immer der Mann von sich, wenn er mit dem Resultat der Aktion konfrontiert wird.

[28] Immer wieder wünschen sich Frauen von ihren Männern zu Hause, dass sie genauso verständnisvoll und einfühlsam sind wie der Sascha aus dem Salon. Wenn wir für jedes dieser »Gespräche« ebenfalls vierzig Euro abkassieren dürften, gerne!

Haarschnitt und das aufgestoßene Kinderlied, ist zwar nett gemeint, kommt aber bei der Frau nicht so gut an.

Trotzdem gibt es einen eklatanten Unterschied zwischen Friseur und Truckerfahrer. Während letzterer mit einer gegen unendlich tendierenden Wahrscheinlichkeit für immer allein bleiben wird, versucht eine Frau, nur wenige Wochen nachdem die Katastrophe auf ihrem Kopf grob herausgewachsen ist, erneut ihr Glück beim Friseur. Aus irgendeinem Grund scheinen Frauen in Sachen Frisur vollkommen erfahrungsresistent zu sein.

Da steht dieser schleimige Typ hinter ihr und erzählt, dass er sich mal ganz was Ausgefallenes für sie vorstellen könnte. Und er quatscht so lange auf die arme Frau ein, bis die tatsächlich anfängt zu glauben, dass sie mit einer Fransenfrisur mit blondierten Spitzen nicht etwa wie einer der Pudel der Jacob Sisters aussieht, sondern »topaktuell«.

> »Ich habe da einen neuen Schnitt aus London mitgebracht. Wenn man da jetzt abends in den Docklands ausgeht, tragen das alle. Glaub mir, Schätzchen, wenn du das siehst, willst du nie wieder etwas anderes.«

Schade nur, dass es sich bei der Kundin um kein wildes Mädchen aus den Londoner Docklands handelt, sondern um eine Bürokauffrau aus Bottrop. Und – Überraschung, Überraschung – mit jedem Schritt, den sich diese Frau hinterher mit ihrer neuen »Frisur« vom Salon entfernt, schmilzt ihr Selbstbewusstsein unter den mitleidigen Blicken der Passanten. Zu Hause angekommen, heult sie beim Blick in den Spiegel Rotz und Wasser und begreift nicht, wie ihr das passieren konnte. So läuft es immer.

Fassen wir das Ganze noch einmal zusammen, liebe Frauen:

Ihr geht jeden Monat zu einem Typen, der euch eine Frisur aufschwatzt, die genauso traurig aussieht wie Reinhold Messners Füße – Sie wissen schon, die mit den abgefrorenen verstümmelten Zehen. Aber damit nicht genug, anschließend legt euch dieser Typ auch noch mit der Rechnung aufs Kreuz. Warum tut ihr euch das immer wieder an?

Warum, um Himmels willen, geht ihr immer und immer wieder zum Friseur?

14. Kapitel

In welchem enthüllt wird, warum Frauen so häufig zum Friseur müssen, und an dessen Ende man sich die Frage stellen muss, warum Männer eigentlich so verdammt naiv sind.

Hätten sich Außerirdische hinter dem Mond versteckt und das Treiben auf unserem Planeten beobachtet, würden sie folgenden Bericht über die Erde in ihre Heimat schicken:

»Auf der Erde gibt es leider kein intelligentes Leben. Aber sprechende Affen.[29] Entführt man einen der Affen für ein paar Tage, macht ein paar harmlose Tests

[29] Der Beweis, dass es sich bei den Affen nicht um intelligente Lebewesen handelt, wurde bei der Überwachung ihres Fernsehprogramms gefunden. Dort gibt es seit einiger Zeit simple Gewinnspiele, die die Affen dazu bringen sollen, zum Telefon zu greifen und mit jedem Anruf wieder 49 Cent ihres schwer verdienten Geldes zum Fenster rauszuschmeißen. Damit bei diesen Gewinnspielen auch wirklich der letzte

mit ihm und schickt ihn dann zurück auf die Erde, glaubt ihm keiner der anderen Affen, was er erlebt hat.

Das ist sehr lustig.

Denn alle vier Jahre stellt sich eine Art Oberaffe vor die anderen Affen und erzählt ihnen, dass er ihr Leben besser machen könne. Die Affen sind begeistert und wählen den Oberaffen zu ihrem Anführer. Ihr Leben ist genauso trostlos wie zuvor. Die Affen sind traurig. Doch kaum sind die vier Jahre vorüber und der Oberaffe erzählt ihnen wieder, dass er ihr Leben besser machen könne, glauben sie ihm jedes Wort, sind glücklich und wählen ihn erneut.

Die männlichen Affen sind sogar so dumm, dass sie gar nicht bemerken, dass der Oberaffe, den sie wählen, sowieso nicht die Macht hat, ihr Leben zu verändern. In Wirklichkeit regieren auf der Erde nämlich die weiblichen Affen.

Während die Männchen davon überzeugt sind, dass die von ihnen gewählten Affen in einem Gebäude namens ›Parlament‹ ihr Leben in die richtige Bahn

---

Affe anrufen kann, sind die dazugehörigen Quizfragen idiotensicher. Sie lauten zum Beispiel so: »Gewinnen Sie ein traumhaftes Mazda Cabriolet im Wert von einer Milliarde Euro, wenn Sie folgende Frage richtig beantworten: Wie lange dauerte der Dreißigjährige Krieg?

a) dreißig Jahre (Tel. 01375-3336661)

b) sieben Minuten (Tel. 01375-3336662)«

Sie ahnen gar nicht, wie hoch die Anzahl der Affen ist, die sich für Lösung b) entscheidet.

lenken werden, verabschieden die weiblichen Affen die tatsächlich auf der Erde gültigen Gesetze in einem Gebäude namens ›Friseur‹.

Der ›Friseur‹ dient vordergründig dem Schneiden von Affenhaaren, ist aber in Wirklichkeit die Machterhaltungszentrale der Affenweibchen. Hier sammeln sie auch das Geld, um ihren enormen Machtapparat zu finanzieren.

Ein Beispiel: Kostet der Haarschnitt beim ›Friseur‹ für ein Affenmännchen achtundzwanzig Euro, zahlt das Affenweibchen für dieselbe Leistung fünfundvierzig Euro. Die Differenz von siebzehn Euro wandert in die Staatskasse der Affenweibchen.

Die Affenmännchen sind so dumm, dass sie tatsächlich glauben, dass es vollkommen normal sei, dass die Weibchen beim Friseur viel mehr Geld bezahlen müssen. Es gibt keinen Grund dafür, aber trotzdem kommt das keinem der Männchen irgendwie komisch vor.

Dass die Geschichte nicht auffliegt, obwohl auch Affenmännchen als Friseure arbeiten, liegt daran, dass diese Affenmännchen alle schwul sind.[30]

Ein weiblicher Affe muss mindestens einmal im Monat zum ›Friseur‹, um über die wichtigsten neuen Gesetzgebungen mitzuentscheiden. Auch darüber

---

[30] Siehe S. 104 in *Mein schwuler Friseur. Oder wie Sie sich mit 2222 Vorurteilen über ihre Mitmenschen lustig machen*, von Daniel Wiechmann und Oliver Kuhn (Knaur Taschenbuch, 2000).

wundern sich die Affenmännchen nicht. Sie selbst gehen alle zwei bis drei Monate zum ›Friseur‹.[31] Allerdings nur, um sich die Haare schneiden zu lassen.
Die Weibchen haben auch eine eigene Verfassung. Dieser Verfassung sind zehn Gebote vorangestellt, die die ethischen und politischen Grundsätze des Affenweibchenstaates bilden.
Die Gebote lauten wie folgt:

1. bis 10. Du sollst keine Götter haben neben mir.

Aus geheimen Unterlagen des Affenweibchenstaates geht hervor, dass das meiste Geld in die Forschung investiert wird. Im vergangenen Jahr fanden die Affenweibchen heraus, wie sie sich ohne die Zuhilfenahme von Männchen fortpflanzen können. Sobald sie herausgefunden haben, wie sie an ihren Fernsehgeräten zwischen verschiedenen Programmen hin und her schalten können und wie man ein Auto einparkt, sieht es für die Affenmännchen ziemlich schlecht aus. Über die endgültige Art und Weise, die lästigen Männchen für immer loszuwerden, ist noch nicht abschließend entschieden. Es heißt aber, dass

[31] Der Zyklus, wann ein Affenmännchen zum Friseur muss, unterliegt folgenden Regeln: 1. Ein Affenmännchen lässt seine Haare so lange wachsen, bis es vollkommen grauenerregend aussieht. 2. Dann geht das Affenmännchen endlich zum Friseur und lässt sich die Haare so kurz schneiden, dass es hinterher wieder vollkommen grauenerregend aussieht.

eines der Affenweibchen bereits an einer besonders langen Oper komponiert.

Nachtrag: Es tut uns leid, dass wir die gewünschten Forschungsergebnisse über die Affenweibchen nicht liefern können. Immer wenn wir Affenweibchen entführt haben, um die dafür erforderlichen Tests durchzuführen, zeigte die Besatzung bereits nach wenigen Stunden deutliche Zersetzungserscheinungen, die sich in Übellaunigkeit, Lustlosigkeit und Passivität äußerten. Die Stimmung an Bord besserte sich erst wieder, nachdem die Affenweibchen zurück auf die Erde gebracht wurden.«

15. Kapitel

In welchem die Frage gestellt wird, wie die Weltgeschichte wohl verlaufen wäre, wenn anstatt der Männer Frauen in den entscheidenden Momenten das Sagen gehabt hätten.

Immer wieder beklagen sich Frauen, dass die Geschichte der Menschheit von Männern dominiert wurde und wird.[32] Wenn doch einmal eine Frau an die Macht kam, um die Geschicke der Völker zu lenken, wie zum Beispiel die ägyptische Königin Kleopatra, fällt den Männern nicht mehr dazu ein, als immer nur über ihre sagenhaft schöne Nase und ihre täglichen Bäder in Milch und Honig zu reden.[33]

Wie aber wären die bedeutendsten Ereignisse der

[32] Natürlich beklagen sich Frauen noch über eintausenddreihundertachtundvierzig weitere Ungerechtigkeiten, die ihnen jeden Tag widerfahren. Aber dazu später mehr.

[33] Eine Frau würde in Wirklichkeit alles dafür geben, wenn sich alle Män-

Menschheitsgeschichte eigentlich abgelaufen, wenn nicht Männer, sondern Frauen das Sagen gehabt hätten?

Nehmen wir beispielsweise die Landung auf dem Mond 1969. Die Welt befindet sich mitten im Kalten Krieg. Während sich an der Spitze der deutschen Musikcharts die Songs von Elvis und den Beatles mit denen von Heintje, Roy Black und Peter Alexander einen harten und erbarmungslosen Kampf um die Nummer 1 liefern, wetteifern die Amerikaner und die Russen ebenso unerbittlich darum, welche Nation es als erste schafft, den Fuß auf den Mond zu setzen.

Am 16. Juli 1969 schicken die Amerikaner ihre drei besten Astronautinnen an Bord von Apollo 11 auf die Reise, die zum größten Triumph in der amerikanischen Geschichte werden soll. Der Start verläuft ohne Probleme. Mit an Bord ist Nelly Armstrong. Sie ist auserwählt, als erster Mensch den treuen Erdtrabanten zu betreten, der seit Jahrmillionen in seiner Umlaufbahn in dreihundertvierundachtzigtausendvierhundert Kilometern Höhe um die Erde kreist.

Gespannt blickt die ganze Welt viereinhalb Tage später zum Himmel.

Die drei Astronautinnen bereiten sich auf den großen Moment vor. Um 3.56 Uhr ist es soweit. Nelly Arm-

---

ner auf der Welt jeden Tag das Maul über ihre sagenhaft schöne Nase zerreißen würden und sich nichts sehnlicher wünschten als einmal mit ihr gemeinsam in Milch und Honig zu baden.

strong wird als erster Mensch einen Schritt auf dem Mond machen. Die Kamera ist scharfgezoomt. Nelly Armstrong steigt die Treppe der Mondlandefähre Eagle hinunter. Geschichte wird gemacht. Es fehlt nur noch ein Schritt, dann berührt sie die Mondoberfläche. Was wird Nelly der Menschheit über diesen bewegenden Augenblick sagen?

»Mensch, was sehe ich in dem Raumanzug heute vielleicht wieder fett aus!«

Schauen wir weiter zurück in die Geschichte. Am 20. Mai 1927 will sich Charlotte Lindbergh auf den Weg machen, um etwas zu tun, das noch nie ein Mensch zuvor vollbracht hat: Sie will als erste ohne einen einzigen Zwischenstopp den Atlantik in einem Flugzeug überqueren.

Akribisch hat sie sich auf das Abenteuer vorbereitet. An Bord der Spirit of St. Louis, einem 220 PS starken Ryan-Hochdecker, will sie den mörderischen Nonstop-Flug wagen, auf dem Eis, Kälte und Einsamkeit auf Charlotte Lindbergh warten. Noch einmal checkt Charlotte das Wright-Whirlwind-Triebwerk. Tausende Schaulustige haben sich trotz der frühen Morgenstunde auf dem Roosevelt-Field in der Nähe von New York eingefunden.

Um 7.52 Uhr erhebt sich die Maschine mit Charlotte Lindbergh in die Lüfte, um die fünftausendsiebenhundertachtzig Kilometer bis Paris in Angriff zu nehmen. Die Menschen jubeln ihr zu.

Um 7.57 Uhr kehrt Charlotte um. Sie hatte vergessen, auf die Toilette zu gehen. Der anfangs leichte Druck auf ihre Blase war innerhalb weniger Minuten schier unerträglich geworden.

Frauen als die großen Entdecker und Abenteurer der Geschichte? Das hat schon was. Wie aber wäre es unter solchen Voraussetzungen um die Entwicklung von Kunst und Literatur bestellt gewesen?

Was, wenn Goethe kein Johann, sondern eine Johanna gewesen wäre?

Der Welt wären so wichtige Bücher wie *Die Leiden der jungen W.* nicht erspart geblieben. Inhalt des Sechshundert-Seiten-Schinkens: Die junge W. sitzt vor ihrem Kleiderschrank und muss sich entscheiden, ob sie für die Party des angesagtesten Junggesellen der Stadt, für den auch sie heimlich schwärmt, lieber das blaue oder doch eher das rote Kleid anziehen soll.

Bis Seite 216 ist sie sich sicher, dass das rote Kleid die richtige Wahl ist.

Auf Seite 356 bekommt die junge W. Zweifel, ob man in dem roten Kleid nicht doch ein wenig zuviel von ihrem Busen sehen könnte. Sie zieht schlussendlich das todschicke blaue Kleid an.

Auf Seite 412 findet sie ihr Outfit perfekt.

Auf Seite 413 nimmt sie das grüne Kleid.

Auf Seite 436 findet der angesagte Junggeselle sie hässlich.

Auf den Seiten 437 bis 600 weint die junge W.

Armstrong, Lindbergh, Goethe – würden wir heute

tatsächlich in einer anderen, einer besseren Welt leben, wenn die großen Personen der Geschichte Frauen gewesen wären? Was wenn Stalin eine Frau gewesen wäre? Oder Dieter Bohlen? Hätte auch eine römische Kaiserin Jesus ans Kreuz nageln lassen? Oder Dschingis Khan. Stellen Sie sich doch bitte einmal vor, Dschingis Khan wäre eine Frau gewesen ...

Nein, *das* stellen Sie sich besser nicht vor.

Was aber wäre passiert, wenn damals Frau Noah die Arche gebaut und beladen hätte? Würde kein einziges Tier mehr auf der Erde wandeln, weil das Schiff gerade einmal genug Platz bot für die Hälfte von Frau Noahs Schuhen?

Oder aber der Sündenfall. Tauschen wir doch auch hier einmal die Rollen von Mann und Frau. Was wäre gewesen, wenn Adam Eva den Apfel angeboten hätte, anstatt umgekehrt?

An einem ganz normalen lauen Sommertag im Paradies.

Adam schwimmt gerade noch ein paar Runden im sechsundzwanzig Grad warmen Wasser. Zurück am Ufer, trocknet der sanfte Wind seine Haut. Adam macht sich auf den Weg zu Eva, um wilden, leidenschaftlichen und stundenlangen Sex mit ihr zu haben. Kurz vor ihrer Zeltstatt fällt sein Blick zufällig auf den Baum der Erkenntnis, an dem die lockend prallen Früchte hängen. Weit entfernt in seinem Hinterkopf hat Adam zwar noch so eine Warnung bezüglich des

Baumes in Erinnerung, aber er denkt sich: Ich werde Eva eine kleine Freude machen und ihr einen Apfel mitbringen. Er pflückt einen Apfel, läuft frohgemut weiter und malt sich schon mal all die Stellungen aus, in denen er gleich mit Eva wilden, leidenschaftlichen und stundenlangen Sex haben wird.

Und dann passiert es.

Adam: »Guten Morgen, liebste Eva, du mein Stern in finsterer Nacht. Ich habe mich den ganzen Morgen vor Sehnsucht nach dir verzehrt. Sieh mal, ich habe dir einen Apfel mitgebracht.«

Eva schaut den Apfel an und keift sofort los: »Warum soll ich diesen Apfel essen?«

Erstaunt schaut Adam Eva an.

Eva keift weiter: »Du findest wohl, dass ich fett geworden bin, was?«

Erstaunt schaut Adam Eva an.

Eva (unglücklich): »Jeden Tag frage ich dich, ob ich dir noch gefalle. Und immer hast du ja gesagt. Und jetzt kommst du mit so einem Apfel daher, damit ich Diät mache. Du hättest mir auch einfach ins Gesicht sagen können, dass ich dicker geworden bin. Aber nein, dazu hast du nicht den Mumm.«

Adam (eingeschüchtert): »Ich dachte eigentlich nur, dass du vielleicht Lust auf einen Apfel hättest ...«

Eva (erbost): »Das glaubst du doch wohl selber nicht. Dazu kenne ich dich viel zu genau. Es ist immer dasselbe mit dir. Du liebst mich nicht.« Sie fängt an zu weinen.

Adam versteht die Welt nicht mehr und trollt sich wieder Richtung Strand. Unterwegs schmeißt er den Apfel wütend ins Gebüsch. Was Adam nicht weiß, ist, dass dieser Apfel, den er da voller Wucht von sich schleudert, eine Schlange am Kopf trifft und tötet.

Es ist unglaublich, aber wahr: Wenn in den entscheidenden Augenblicken der Geschichte Männer und Frauen miteinander vertauscht worden wären, würden die Menschen vielleicht immer noch im Paradies leben.[34]

[34] Natürlich spielt es für die Männer keine Rolle, ob sie im Paradies oder auf der Erde angekeift werden. Sie verlieren mal wieder in jedem Fall.

16. Kapitel

In welchem die Frage beantwortet wird, was Frauen eigentlich dazu bringt, mit Männern Sex zu haben, und warum am Ende trotzdem das Runde leider nicht im Eckigen landet.

In Sachen Sex ist mit Frauen nicht zu spaßen.

Noch immer versuchen Millionen Männer herauszufinden, was genau Frauen dazu bringt, Sex mit ihnen zu haben. Wie wir bereits festgestellt haben, ist weder auf die Romantik noch auf den vielbeschworenen Humor Verlass. Auch die Frauenversteher[35] kommen nicht so zum Stich, wie sie das gerne hätten. Geschenke und andere geldwerte Zuwendungen können die Sexchance für Männer entscheidend erhöhen. Eine Sexgarantie bedeuten aber auch sie nicht.

Es gibt eigentlich nur einen einzigen Moment, in dem

[35] Siehe Kapitel 11 über den Unterschied zwischen echten und falschen Frauenverstehern.

ein Mann sich sicher sein kann, dass seine Frau Lust auf Sex hat. Nämlich dann, wenn im Fernsehen gerade ein wichtiges Spiel in der Champions League läuft.[36]

Jetzt muss Mann sich entscheiden.

Wie um alles in der Welt bringt er seiner Frau, die ihm schon die ersten eindeutigen Avancen gemacht hat, am besten bei, dass sie nackt auf dem Tisch tanzen oder sonst was machen könnte, aber dass Fußball jetzt einfach wichtiger ist? Sagt er es ihr auf die harte oder auf die weiche Tour?

Auf keinen Fall sollte er ihr sagen: »Ich hab keinen Bock auf Sex. Da könntest du nackt auf dem Tisch tanzen oder sonst was machen. Aber Fußball ist jetzt einfach wichtiger.« Mit der Wahrheit tun Frauen sich oft wahnsinnig schwer.[37] Da muss man sehr vorsichtig sein.

Der lebens- und beziehungserfahrene Mann entscheidet sich in einer solchen Situation ganz souverän für die sanfte Tour: »Du siehst doch, dass gerade Fußball ist, du blöde Kuh. Geh mir lieber noch ein Bier holen.« Und hat danach seine Ruhe.

So sehr Frauen auch Schwierigkeiten im Umgang mit der Wahrheit haben, mit dem Verhaltensmuster der

---

[36] Frauen wissen übrigens ganz genau, wie die Abseitsregel funktioniert. Sie machen sich nur immer wieder einen mörderischen Spaß daraus, die Männer dabei zu beobachten, wie die sich mit unermüdlichem Eifer ständig neue Varianten einfallen lassen, um diese simpelste aller Fußballregeln zu erklären.

[37] Haben Sie schon einmal einer Frau, die aussieht wie eine Qualle, zu sagen versucht, dass sie aussieht wie eine Qualle? Viel Spaß!

total unmotiviert destruktiven Launenhaftigkeit können sie sich durchaus anfreunden. Schließlich reagieren sie in vielen Lebenssituationen selber so.

Weniger einfühlsame Männer schlagen ihrer Frau dagegen tatsächlich vor, dass man doch nach dem Spiel auch noch Sex haben könne. Ein schlimmer Fehler. Eine Frau hört nämlich aus so einem Satz niemals heraus, dass sie an und für sich durchaus schon ein wahnsinnig begehrenswertes Weib sei, mit dem man wirklich sehr, sehr gern stundenlangen wilden und leidenschaftlichen Sex hätte, wenn nur endlich dieses blöde Fußballspiel vorbei wäre, sondern sie hört nur: »Erst kommt der Fußball, und dann kommst du.«

Das ist ein eindeutiger Verstoß gegen die ersten zehn Gebote der Frauenverfassung, die da lauten: »Du sollst keine Götter haben neben mir.«

Ein solcher Verstoß wird vom Frauengericht standrechtlich mit sofortigem Zickenterror bestraft. Von der ersten Halbzeit kriegt man vielleicht gerade mal zwei Minuten mit. Und die Sache mit dem Sex kann man in den nächsten zwei Wochen auch vergessen. Egal, ob Fußball im Fernsehen läuft oder nicht.

Die ganz brutalen Männer wählen ungeachtet der Gefahren die harte Tour und versuchen ihrer Frau die Abseitsregel zu erklären und sie zu überzeugen, dass, wenn sie das Spiel erst einmal begriffen habe, ihr das Zusehen auch großen Spaß machen werde. Das ist das Todesurteil.

Ein paar Jahre später wissen diese Männer gar nicht mehr, was das eigentlich war, Sex.

17. Kapitel

In welchem die größten Sexirrtümer und -lügen der Frauen aufgedeckt werden und der Unterschied zwischen Männer- und Frauensex erklärt wird.

Ein Unglück kommt selten allein.
Männer dagegen schon.

Woran liegt es aber, dass Männer und Frauen beim Sex so häufig das Ziel nicht gemeinsam erreichen? Und dass die Frauen oftmals sogar ganz auf der Strecke bleiben?

Schuld daran sind die unglaublichen Sexirrtümer, die sich hartnäckig bei den Frauen halten, und die vielen Sexlügen, mit denen Frauen nur so um sich werfen.

1. *»Sex muss schön sein.«*
Liebe Frauen, die Dreißig-Zoll-Chromfelgen eines neuen Sportwagens sind schön. Genauso wie die Flanken von David Beckham und Naomi Campbell.

Man kann von einer *schönen* Bescherung sprechen, wenn die Schwiegermutter unerwartet ihren Besuch angekündigt hat. *Schön* sind auch Gehaltserhöhungen, das Wetter in Italien und die Zeitlupenszenen in jeder *Baywatch*-Folge.

Sex dagegen sollte niemals *schön* sein.[38]

Nur die Frau, mit dem man ihn hat.

2. *»Ich kann auch ohne Orgasmus Spaß beim Sex haben.«*

Klar können Frauen auch ohne Orgasmus Spaß am Sex haben. Es gibt ja schließlich ebenso genügend Männer, die auch mit Alkohol lustig drauf sind.

Der Satz einer Frau: »Ich kann auch ohne Orgasmus Spaß beim Sex haben«, ist eine glatte Sexlüge und genauso ernst gemeint wie der Satz: »Wir müssen heute abend nicht in die Oper gehen, wenn du keine Lust hast.«

Nein, ein Mann, der nicht penibel darauf achtet, dass eine Frau kommt, gilt sofort als egoistischer, gefühlloser, beziehungsunfähiger, frauenunterdrückender Grobian.

Dabei gibt es tatsächlich keinerlei Grund, warum ein Mann ein schlechtes Gewissen haben sollte, wenn er mal wieder ein bisschen früher fertig geworden ist

[38] Siehe hierzu auch die Beschreibung von Sexszenen aus romantischen Liebeskomödien in Kapitel 21, in welchem die Männer von den Frauen aus dem Kinoparadies vertrieben werden und der Unterschied zwischen Frauen- und Männerfilmen erklärt wird.

als seine Frau. Denn zwischen Männern und Frauen herrscht in Sachen Sex eine himmelschreiende Ungerechtigkeit.

Diese Ungerechtigkeit beginnt mit der Tatsache, dass der durchschnittliche Orgasmus einer Frau etwa zwei Minuten dauert. Männer müssen sich mit schlappen siebzehn Sekunden zufriedengeben. Kann man es Männern daher überhaupt verübeln, wenn sie in der Regel kein übermäßiges Interesse daran entwickeln, dass eine Frau beim Sex auch immer kommt?

Nein.

Rein mathematisch betrachtet reicht es nämlich unter Berücksichtigung der Orgasmuslänge vollkommen aus, wenn eine Frau bei jedem siebten Mal den Höhepunkt erreicht.

So würde zwischen den Geschlechtern vollkommene sexuelle Gleichberechtigung herrschen, ohne eine Seite dabei zu bevorzugen.

Tja, der liebe Gott hat sich eben schon etwas dabei gedacht, dass Männer innerhalb von zwanzig Sekunden kommen können, auch wenn es die Frauen mal wieder besser wissen wollen.

3. *»Nicht auf die Größe, sondern auf die Technik kommt es an.«*

Auch der Spruch, dass es nicht auf die Größe ankomme, ist nur eine jener Lügen, mit denen Frauen sich selbst als sensible, einfühlsame und verständnisvolle Wesen tarnen.

Sehr wohl kommt es den Frauen auf die Größe und nicht auf die Technik an.[39]

Denn wann hat ein Mann jemals mit einer Frau ein sachliches und fachliches Gespräch über den optimalen Einsatz von Brustwarzenklemmen, die reibungslose Pflege von Orgasmuskugellagern oder das Tuning des Einspritzverstärkers führen können?

Niemals.

Sobald von seiten des Mannes ein bisschen Technik beim Liebesakt ins Spiel kommt, mosern Frauen nämlich rum, dass das kein Sex mehr sei, sondern Leistungssport.

4. *»Das kann doch jedem mal passieren.«*
Wenn ein Mann sexuell mal nicht so ganz auf der Höhe ist, kommt eine Frau nicht etwa auf den Gedanken, dass es vielleicht daran liegen könnte, dass die Cellulitis-Wellen, die über ihre Beine schwappen, extrem abtörnend sind. Und was macht sie dann? Sie versucht dem Mann Trost zu spenden, anstatt endlich das Licht auszumachen, die letzte Chance, dass an dem Abend noch was läuft.[40]

5. *»Männer wollen immer nur das eine.«*
Immer wieder herrscht bei den Frauen helle Empörung,

[39] Über das problematische Verhältnis von Frauen und Technik wird in Kapitel 18 noch ausführlicher berichtet.

[40] Im übrigen gilt für einen Mann: Das kann zwar jedem mal passieren, aber nicht ihm.

wenn ein Mann, der mit vielen Frauen Sex hat, gesellschaftliche Bewunderung erntet und als toller Hengst gilt, während eine Frau, die sich mit zahllosen Männern einlässt, bestenfalls als Schlampe durchgeht. In Sachen Sex haben Männer scheinbar immer noch die Hosen an.

Damit die Männer aber doch wieder ein schlechtes Gewissen kriegen, unterscheidet man in der modernen Gesellschaft streng zwischen Männer- und Frauensex.

Männersex geht so:

> Ein Mann sieht eine Frau. Er findet sie super und will Sex mit ihr haben. Also geht er zu ihr und offenbart ihr seine Gefühle: »Ich finde dich super. Willst du Sex mit mir haben?«
> Und entweder geht was. Oder nicht.
> Wenn was geht, vertreiben sich die beiden die nächsten Stunden mit wildem, leidenschaftlichem, hemmungslosem und schweißtreibendem Sex und haben jede Menge Spaß dabei.
> Wenn nichts geht, tröstet sich ein Mann damit, dass viele Mütter schöne Töchter haben, und versucht sein Glück bei einer anderen.
> Wenn dann immer noch nichts geht, kann er ja wenigstens noch onanieren.[41]

---

[41] Frauen behaupten immer wieder gern, dass Männer Frauen nur benutzen. Das ist natürlich nicht richtig. Für guten Sex braucht es nämlich immer zwei. Wenn eine Frau nicht wirklich bei der Sache ist, kann ein

So unkompliziert ist Männersex.

Frauensex geht dagegen so:

Eine Frau sieht einen Mann. Sie findet ihn super. Und sie würde es nicht kategorisch ausschließen, dass sie eines noch fernen Tages unter gewissen Umständen eventuell vielleicht doch Sex mit ihm haben könnte.

Also macht sie erst einmal nichts.

Drei Stunden später – wieder zu Hause – ruft sie ganz aufgeregt ihre beste Freundin an und erzählt ihr, wie wundervoll dieser Mann war, den sie gerade in der Bar gesehen hat, und dass er ganz bestimmt der Mann ihrer Träume ist, auf den sie ihr Leben lang gewartet hat.

Leider kennt sie weder seinen Namen noch seine Telefonnummer, noch weiß sie, wo er wohnt.

Also geht sie die nächsten zwanzig Jahre immer am selben Wochentag und zur selben Zeit in die Bar, in der sie ihren Traummann getroffen hat, und hofft, ihm dort wieder zu begegnen, damit sich ihre wunderbare Romanze endlich erfüllen kann.

Sie sieht ihn nie wieder.

So kompliziert ist Frauensex.

6. *»Ich kann nur Sex mit jemandem haben, den ich auch liebe.«*

Mann sich die Mühe des Anbaggerns auch schenken und gleich anfangen zu onanieren.

Immer wieder verwechseln Frauen Sex mit Liebe.[42] Obwohl das eine mit dem anderen überhaupt nichts zu tun hat. Männer zum Beispiel lieben ihre Autos über alles. Niemals aber würden sie auf den Gedanken kommen, mit ihnen Sex zu haben.

7. *»Das schönste am Sex ist das Vorspiel.«*
Liebe Frauen, es gibt nichts Überflüssigeres beim Sex als das Vorspiel. Was, bitte schön, ist so toll daran, stundenlang zu knutschen oder sich zu befummeln, ohne dass was passiert. In der gleichen Zeit hätte man doch schon drei- oder viermal kommen können.

Wie würdet ihr es zum Beispiel finden, wenn wir Männer uns beim Essen genauso verhalten würden, wie ihr es beim Sex von uns erwartet? Zum Beispiel, wenn ihr einen leckeren Braten gekocht habt. Dann wollt ihr doch auch, dass er heiß gegessen wird, und nicht, dass wir ihn erst einmal eine Stunde lang anstarren und nur daran riechen.

8. *»Ich mag sauberen Sex.«*
Frauen haben definitiv ein Problem mit Körperflüssigkeiten. Deshalb ist Sex für sie in erster Linie kein Vergnügen, sondern eine Gefahr. Für die saubere Bett-

---

[42] Siehe hierzu noch einmal die Beschreibung von Sexszenen aus romantischen Liebeskomödien in Kapitel 21, in welchem die Männer von den Frauen aus dem Kinoparadies vertrieben werden und der Unterschied zwischen Frauen- und Männerfilmen erklärt wird.

wäsche zum Beispiel. Dabei gehört der Austausch von Körperflüssigkeiten zum Sex unbedingt dazu. Alles andere ist gar kein Sex. Wichtig: Man darf beim Sex auch schwitzen.[43]

9. *»Wichtig ist, dass ich beim Sex gut ausschaue!«*
Alle zwei Monate beschäftigen sich Frauenzeitschriften mit dem scheinbar sensiblen Thema, wie Frauen sich beim Sex richtig präsentieren und von ihrer besten Seite zeigen können. Hallo, Frauen, kein Mann interessiert sich dafür. Wenn es wirklich zu schlimm sein sollte, kann man ja immer noch das Licht ausmachen (siehe Sexirrtum Nr. 4).

10. *»Lass uns doch mal über Sex reden. Vielleicht klappt es dann besser.«*
Wie schon der gute alte Goethe immer sagte: Erfolg hat drei Buchstaben: TUN.

---

[43] Siehe hierzu zum dritten Mal die Beschreibung von Sexszenen aus romantischen Liebeskomödien in Kapitel 21, in welchem die Männer von den Frauen aus dem Kinoparadies vertrieben werden und der Unterschied zwischen Frauen- und Männerfilmen erklärt wird.

18. Kapitel

In welchem Frauen Atome spalten, mit Kühlschränken sprechen und sich von technischen Gebrauchsanweisungen nicht irritieren lassen.

Wie spaltet man ein Atom? Männer wissen so etwas. Man gibt es einfach einer Frau und bittet sie, es nicht kaputtzumachen.

Sobald eine Frau eine Maschine sieht oder anderweitig mit Technik in Kontakt kommt, ist ihr erster Impuls, nacheinander alle an dieser Maschine vorhandenen Knöpfe zu drücken.[44] Zeigt diese Maschine dann nicht das von der Frau gewünschte Verhalten,

[44] Aus irgendeinem Grund scheinen Frauen nicht wahrzunehmen, dass jedem technischen Gerät auch eine Gebrauchsanweisung beiliegt. Vielleicht sollten die Hersteller bei Geräten, die von Frauen gekauft werden, die Gebrauchsanweisung in einer Tube verpacken und »Faltencreme« draufschreiben, um die Chance zu erhöhen, dass die Anleitung von den Frauen auch gelesen wird.

beginnt die Frau damit, alle Knöpfe der Maschine gleichzeitig zu drücken. Funktioniert die Maschine immer noch nicht, erhöht die Frau die Frequenz und die Geschwindigkeit, mit der sie die Knöpfe an der Maschine drückt. Ungefähr das ist der Zeitpunkt, zu dem sich eine Frau daran erinnert, was sie einmal auf einer Fruchtsafttüte gelesen hat: »Vor Gebrauch schütteln.«

Nachdem auch das Schütteln und leichte Schläge auf die Maschine dem Gerät keinen Mucks entlocken konnten, kommt der Frau schließlich die rettende Idee. Sie bittet einen Mann um Hilfe. Das macht der Mann gern.

Und steckt als erstes das Stromkabel in die Steckdose.

Es ist nicht so, dass Frauen nicht technisch versiert wären. Sie hassen Technik, weil Männer sie lieben. Die neuen Chromfelgen am Wagen, die weichen Ledersitze, das Sportlenkrad, der Flachbildfernseher, das Dolby-Surround-Sound-System fürs Wohnzimmer – sie hassen all diese Dinge genauso wie den um drei Zehntelsekunden zu langen Blick auf die Beine einer Blondine.

Verschwendet ein Mann auch nur einen Augenblick seiner Aufmerksamkeit in Gegenwart seiner Frau an etwas anderes, ist Schluss mit lustig.

Dabei ist Technik wie für Frauen geschaffen. Ein Computer, eine Kaffeemaschine oder der Fön machen schließlich nur das, was ihnen ihr Besitzer vorgibt. Es gibt keine Widerworte. An. Aus. Aus. An. Leichter lässt sich für eine Frau (Prinzessin) der Wunsch zu herrschen nicht erfüllen.

Man könnte daher den Hass der Frauen auf Technik viel eher verstehen, wenn es beispielsweise Kühlschränke gäbe, die sprechen könnten. Männern würde ein sprechender Kühlschrank überhaupt nichts ausmachen.

Kühlschrank: »Entschuldige, das ist schon dein viertes Bier heute. Ich glaube nicht, dass das sehr gesund ist.«
Mann: »Hey, sach ma, ich glaub, ich bin im falschen Film?[45] Wer hat dich denn um deine Meinung gebeten, du blöde Blechkiste?«
Kühlschrank: »Niemand.«
Mann: »Genau, dann kannst du dich ja mit dem weiter unterhalten.«

Frauen dagegen kämen mit einem sprechenden Kühlschrank überhaupt nicht klar.

Kühlschrank: »Das ist schon dein drittes Stück Torte heute. Bist du nicht eigentlich auf Diät?«

[45] Warum Männer übrigens ziemlich oft in ihrem Leben im falschen Film landen, lesen Sie in Kapitel 21, in welchem die Männer von den Frauen aus dem Kinoparadies vertrieben werden und der Unterschied zwischen Frauen- und Männerfilmen erklärt wird.

Frau: »Nein, das ist erst mein zweites. Eins habe ich Manfred gegeben.«
Kühlschrank: »Das hast du nicht, ich habe es genau gesehen.«
Frau: »Na gut, dann habe ich eben schon drei Stück gegessen. Dafür esse ich morgen den ganzen Tag gar nichts.«
Kühlschrank: »Dasselbe hast du gestern auch schon gesagt. Weißt du was? Ich glaube gar nicht, dass du Diät machst.«
Frau: »Mach ich wohl.«
Kühlschrank: »Machst du nicht. Der Salat, den du vor drei Tagen gekauft hast, ist schon ganz braun. Kein einziges Blatt hast du davon gegessen.«
Frau: »Siehst du, wie wenig ich esse? Da kann ich heute ruhig noch ein viertes Stück Torte essen.«
Kühlschrank: »Nein, kannst du nicht. Ich werde mich erst dann wieder für dich öffnen, wenn du deinen Diätplan einhältst.«
Frau: »Du mieses kleines Stück. Entweder rückst du sofort die Torte raus oder ich ziehe dein Kabel aus der Steckdose. Mal sehen, wie lange dein Herz dann noch so kalt sein wird.«
Kühlschrank: »Du kannst mein Kabel nicht aus der Steckdose ziehen.«
Frau: »Warum denn nicht?«
Kühlschrank: »Ich bin ein Wireless-Kühlschrank.«
Frau: »Ein was?«
Kühlschrank: »Ein Wireless-Kühlschrank. Du weißt

schon, Infrarotfunkverbindung, ohne Kabelsalat und so.«[46]

Frau: »Ach so.«

Fröhlich blubbert der Kühlschrank vor sich hin.

Frau: »Und ... wenn wir beide Sex miteinander hätten? Würdest du mir dann ein Stück Torte geben?«

[46] Das ist natürlich eine Lüge. Aber wenn's hilft.

19. Kapitel

In welchem die Schöpfungskraft des heimwerkenden Mannes besungen und die Gefährlichkeit des Tuben-und-Dosen-Triebs vorgestellt wird, unter dem die Frauen leiden.

Liebe Frauen, ein buntes Kissen auf ein Sofa zu legen, ist noch kein Heimwerken. Einen Nagel in die Wand schlagen, ohne ihn von jemand anderem festhalten zu lassen, und hinterher daran tatsächlich ein Bild aufhängen können, das ist Heimwerken.

Dank ihrer herausragenden Marketingfähigkeiten haben Frauen neben all den anderen glorreichen Eigenschaften, die sie zu solch vermeintlichen Superwesen machen, sich auch den Nestbautrieb unter den Nagel gerissen. Dumm nur, dass das Nest schon fertig sein muss, bevor eine Frau auch nur bereit ist, einen Fuß hineinzusetzen.

Oder haben Sie schon mal einen Immobilienmakler erlebt, der eine Frau in ein ungefliestes Bad mit kahlen, grauen Betonwänden führt und sagt: »Das ist Ihr neues tolles Badezimmer!« Woraufhin die Frau voller Entzükken antwortet: »Das ist aber schön! Die paar Fliesen habe ich ja in einer halben Stunde angeklebt.« Ein Mann würde genau das sagen, auch wenn er bis dahin einen Fliesenkleber nicht von einem Fliegenschiss unterscheiden kann. Aber die Frauen sind diejenigen mit dem Nestbautrieb. Aber hallo!

In Wahrheit sind die Männer die geborenen Nestbauer und Heimwerker. Keine Bohrmaschine ist ihnen zu laut, keine Säge zu scharf und kein Schmerz zu stark, wenn es darum geht, das traute Heim schöner zu machen.[47] Frauen dagegen sind gar nicht daran interessiert, dass etwas anderes schön wird. Frauen sind hauptsächlich daran interessiert, dass sie selbst schöner werden.

Man nehme einen Gummi-Flipflop, eine Tintenpatrone, einen halben Meter Drahtseil, Omas Rheumafell (Katze), das sie sich bei Schmerzen immer um die Hüfte legt, eine Tube Sekundenkleber und ein paar Knöpfe. Unter Zuhilfenahme von nichts weiter als dieser sechs Gegenstände können Männer innerhalb von Sekunden die unglaublichsten Dinge erschaffen:

---

[47] Der häufigste Dialog zwischen zwei männlichen Heimwerkern?
Heimwerker 1: »Du, Klaus, wie funktioniert denn dieses Nagelschussgerät?«
Heimwerker 2: »Einfach auf den roten Knopf da drücken.«
Heimwerker 1: »Diesen hier?«
Heimwerker 2: »Jaaaaaaaaaaaahhh!«

1. Eine tintenspeiende Katze.
2. Ein Katapult, um Oma ein frisches Rheumafell zu schießen.
3. Eine Kindersicherung für Steckdosen.
4. Ein paar warme Katzenfell-Flipflops für den Winter.
5. Ein blaues Wunder.

Der Erfindungsreichtum und die Schöpferkraft von Männern sind schier unglaublich. Geben Sie jedoch einer Frau einen Gummi-Flipflop, eine Tintenpatrone, einen halben Meter Drahtseil, Omas Rheumafell (Katze), eine Tube Sekundenkleber und ein paar Knöpfe in die Hand, ist das einzige, was sie damit anzufangen weiß, das ganze Zeug in die nächstbeste Mülltonne zu schmeißen. Frauen können schließlich Kinder zur Welt bringen. Daher sind alle anderen Schöpfungsakte in ihren Augen vollkommen uninteressant und minderwertig. Soviel zum Nestbautrieb.

Sollte eine Frau diese sechs Gegenstände nicht sofort wegschmeißen, sondern tatsächlich darüber nachdenken, ob man damit nicht doch noch etwas bewerkstelligen kann, dauert es 35 Sekunden, bis sie sich die Tube Sekundenkleber an die Nase geklebt hat. Schuld daran ist der sogenannte Tuben-und-Dosen-Trieb.

Frauen mögen keine Heimwerker sein. Aber sie sind neugierig. Sehr neugierig. Hält eine Frau eine Dose oder eine Tube mit einer ihr unbekannten Substanz in der Hand, muss die Frau – ob sie will oder nicht – diese

Tube öffnen.[48] Es könnte ja etwas drin sein, das sie schöner macht.

Bevor sich eine Frau jedoch mit der ihr unbekannten Substanz an ihre Problemzonen wagt, muss sie erst mal daran riechen. Und da es auf der ganzen Welt keine gerechtere Sache als den Sekundenkleber gibt, wächst nun zusammen, was nicht zusammen gehört.

Der Sekundenkleber unterscheidet nicht zwischen Gummi-Flipflops, Katzenfellen, Tintenpatronen oder Frauen. Denn vor dem Sekundenkleber sind wirklich alle Dinge auf Erden gleich.

[48] Das tut sie übrigens auch in fremden Badezimmern.

20. Kapitel

In welchem von der furchtbarsten aller Krankheiten berichtet wird, die Frauen bedroht, unter der am Ende aber wieder nur die Männer leiden.

Es gibt eine furchtbare Krankheit, vor der alle Frauen Angst haben. Diese Krankheit ist so unaussprechlich grauenvoll, dass es noch nicht einmal einen Namen dafür gibt. Das einzige, was man über diese geheimnisvolle und entsetzliche Krankheit weiß, ist, dass jede Frau, die von ihr befallen wird, jeden Tag zehn Kilo zunimmt.

Es gibt noch keine einzige Frau auf der Welt, bei der diese Krankheit nachgewiesen wurde. Aber es gibt sie bestimmt. In diesem Fall sind sich die Frauen ausnahmsweise mal ganz sicher.

Während ein Mann, der bei einem Waldspaziergang von einem herunterfallenden Tannenzapfen lebensbedrohlich am linken Arm verletzt wird, routiniert sein

T-Shirt auszieht, es in Streifen schneidet und den Arm abbindet, damit er das überflüssig gewordene Gliedmaß in Ruhe mit seinen eigenen Zähnen abbeißen kann, gehen Frauen mit Krankheiten nicht so locker um.

Das Wichtigste für eine Frau ist, überhaupt erst mal eine Krankheit zu kriegen. Damit sie darüber reden kann. Hört man Frauen dabei zu, wie *aufgeregt* sie über Krankheiten sprechen, könnte man meinen, sie berichten über ein Abenteuer aus dem letzten Urlaub.

Wie lange sie beim Arzt warten musste.

Ohhh!

Wie doll die Schmerzen waren, als der Arzt mit seinen Fingern auf den schmerzenden Busen drückte.

Ohhh!

Wie tief die Stirnfalten des Arztes waren, als er darüber nachdachte, wie lange sie wohl noch zu leben hätte.

Uuuuhh!

Und wie gut der Herr Doktor vielleicht aussah.

Aaaahhhh!

Krankheiten sind für Frauen ein willkommenes Drama, mit dem sie sich auf die Bühne stellen können, um vor ihren Freundinnen die Vorstellung ihres Lebens zu geben. Schmerzen, Tränen, Tod. Die Zutaten dieses Dramas garantieren perfekte Unterhaltung. Jedenfalls für den weiblichen Teil des Publikums.

Frauengespräche über Krankheiten erreichen recht schnell einen Punkt, an dem Männer sich wünschen, unverzüglich von ihrem Elend erlöst zu werden. Zum Beispiel könnte doch der haselnussgroße tödliche Tuberkel an ihrem Hypothalamus innerhalb von Sekunden die Größe eines Tennisballs annehmen. Oder man könnte mal wieder in die Oper gehen. Mit etwas Glück überlebt man schon den ersten Akt nicht mehr.

Natürlich erkennt eine Frau sofort, wenn Mann nicht mehr so recht bei der Sache ist, und mault: »Ich glaube, du interessierst dich gar nicht für mich.«

Noch nie ist es einem Mann gelungen, einer Frau zu erklären, dass er sich schon für sie interessiere. Aber nicht für ihre Krankheiten. Jedenfalls nicht so sehr.

21. Kapitel

In welchem die Männer von den Frauen aus dem Kinoparadies vertrieben werden und der Unterschied zwischen Frauen- und Männerfilmen erklärt wird.

Das Kino ist ein magischer Ort. Voller Zauber entfalten sich die Geschichten auf der Leinwand. Sie entführen den Zuschauer in eine fremde Welt. Sie lassen das Publikum weinen, lachen, bangen und hoffen. Im Kino werden die unmöglichsten Dinge Wirklichkeit. Man kann Detonationen im Weltall hören, obwohl das Vakuum gar keine Schallwellen überträgt. Hässliche Frauen verwandeln sich in die hübschesten Wesen, nur indem sie ihren Haarknoten lösen und ihre Brille absetzen. Und am Ende siegt immer das Gute über das Böse. Das Kino ist die letzte vage Ahnung, die wir Menschen vom Paradies haben.

Mit einer Frau ins Kino zu gehen, ist die Hölle.

Es fängt schon bei der Auswahl des Films an.

Aus irgendeinem Grund wollen Frauen sich keine Filme ansehen, in denen etwas explodiert. Statt dessen wollen Frauen Filme gucken, in denen ein Mann und eine Frau auf einer bunten Sommerwiese liegen und sich unterhalten. Frauen lieben Filme mit Dialogen.

Endlose Dialoge.

Langweilige Dialoge.

Und am besten noch: sinnlose Dialoge.

Dann sind Frauen im Kino glücklich. Unterhaltungen zwischen dem Präsidenten der Erde und dem Typen, der die Erde retten muss, sind bei Frauen dagegen verpönt.

Der Präsident der Erde: »In zwei Stunden trifft der Meteor auf die Erde und wird sie vollkommen zerstören.«

Der Typ, der die Erde retten muss: »Gut, dann rufe ich Sie in zwei Stunden und drei Minuten wieder an!«

Dabei ist das doch ein klasse Dialog.

Neben Explosionen ist Blut in Filmen ebenfalls ein äußerst schwieriges Thema für Frauen. Maximal erlaubt ist, wenn ein devoter Waschbrettbauch der Dame, die er für sich gewinnen will, ein Dutzend Rosen schenkt und sie sich unversehens an einer Dorne sticht. Weniger aufregend finden es die Frauen, wenn ein irrer Psychopath seinem Nachbarn erklärt, dass er seine liebevoll zusammengestellte Sammlung von Gartenzwergen echt scheiße findet, und der Psychopath dem Nachbarn deswegen mit einer Kettensäge sämtliche Gliedmaße abtrennt.

Unentschieden reagieren Frauen auf Tiere in Filmen. Handelt es sich um kleine Hundewelpen, sympathische

Hausschweine oder aber Schimmel, auf denen ein Märchenprinz reitet, geht der Daumen bei den Frauen sofort hoch. Weniger enthusiastisch reagieren Frauen dagegen auf Kriegselefanten, den Tyrannosaurus Rex oder Zyklopen.

Hat ein Film aber erst das Etikett »Romantischste Liebeskomödie des Jahres« verpasst bekommen, gibt es für die Frauen kein Halten mehr. *Den* Film müssen sie sehen. Dass alle zwei Monate eine neue »romantischste Liebeskomödie des Jahres« in die Kinos kommt, interessiert die Damen dabei herzlich wenig.

Hauptsache, es schnulzt.

In romantischen Liebeskomödien gibt es keine Sexszenen, sondern nur *Liebes*szenen. Dabei umschlingen sich die Körper von Mann und Frau quasi in Zeitlupe zu den zarten Klängen von Violinen. Harte rhythmische Bewegungen oder gar Schweiß sind unerwünscht. Die totale Erregung wird durch das *Beben* von Körperteilen signalisiert, die nicht zur Gruppe der primären Geschlechtsorgane gehören.[49] Und beim Höhepunkt wird nicht etwa gestöhnt, sondern die Kamera zoomt hinaus auf die bunte Sommerwiese und zeigt einen Schmetterling, der auf einer prachtvollen Blüte landet.

Haben ein Mann und eine Frau es doch geschafft, sich auf einen gemeinsamen Film zu einigen, geht die Tortur im Kino weiter. Denn sobald das Licht im Kinosaal aus ist und der Film angefangen hat, wollen Frauen nur

[49] Niemand kann unter solchen Bedingungen kommen.

noch knutschen. Männer wollen sich dagegen auf den Film konzentrieren. Schon ist die Frau eingeschnappt und wirft ihrem Mann vor, dass er sie nicht mehr attraktiv fände.

Noch nie ist es einem Mann gelungen, seiner Frau zu erklären, dass er sie natürlich noch attraktiv finde, er aber nicht eine halbe Stunde mit dem Auto fährt und 28,50 Euro für Tickets und Popcorn ausgibt, nur um mit ihr zu knutschen. Das hätte er zu Hause auch günstiger haben können.

Das alles ist aber noch gar nichts im Vergleich zu dem, was passiert, wenn die Frau angefangen hat, den Film zu sehen. Denn sofort beginnt sie über das, was sie da sieht, nachzudenken.

Laut.

Und wenn sie etwas nicht versteht von dem, was auf der Leinwand vor sich geht, beginnt sie Fragen zu stellen.

Noch lauter.

> »Warum küsst der Typ jetzt diese Blondine? Die Brünette passt doch viel besser zu ihm.«

Leider küsst der Held einer romantischen Liebeskomödie ziemlich viele Frauen, bevor er schließlich bei jener landet, die am besten zu ihm passt.

22. Kapitel

In welchem die Geschichte autofahrender Frauen erzählt wird. Eine Geschichte voller Missverständnisse.

Jeder Mann, der einmal miterlebt hat, wie eine Frau Auto fährt, weiß, wie die Dinosaurier ausgestorben sind.

Nur Frauen sind in der Lage, aufmerksam nach links aus dem Autofenster zu schauen, um vorbildlich auf den Verkehr zu achten, wie sie es in ihren zweihundertsechsunddreißig Doppelstunden in der Fahrschule gelernt haben, während sie in genau diesem Moment rechts abbiegen und einen Fußgänger überfahren.

Dabei gibt es doch in jedem Auto wirklich genug Platz für eine Frau. Auf dem Beifahrersitz. Auch auf der Rücksitzbank eines Wagens machen Frauen hin und wieder eine außerordentlich gute Figur.

Wehe aber, sie setzen sich ans Steuer.

Früher hätte eine Frau nicht einmal davon geträumt, sich hinter das Lenkrad eines Autos zu setzen.

Doch dann kam jemand auf die Idee, dass man doch auch an der Sonnenblende auf der Fahrerseite so einen kleinen Schminkspiegel anbringen könne. Außerdem wurde die Farbpalette der Autolackierungen um die Töne Mintgrün, Auberginemetallic und Champagnerbeige erweitert. Und als dann auch noch Autos mit Automatikschaltung entwickelt wurden, gab es für die Frauen kein Halten mehr.

Fortan zuckelte das Unglück mit achtzig Sachen auf der rechten Spur der Autobahn.

Haben Sie eigentlich schon mal gesehen, wie eine Frau auf der Autobahn einen Lkw überholt? Es gibt mehrere Varianten:

1. Gar nicht, denn die Frau hat Schiss.
2. Die Frau bereitet sich eine halbe Stunde auf das schwierige Fahrmanöver vor. Schließlich wagt sie sich hinüber in die Todeszone, auf die linke Fahrbahn. Eine halbe Stunde später ist im Verkehrsfunk folgende Meldung zu hören: »Zähfließender Verkehr auf der A9 Richtung München.« Zu diesem Zeitpunkt hat die Frau gegenüber dem fünfzehn Meter langen Lkw bereits sechsundachtzig Zentimeter wett gemacht. Fehlen nur noch gut vierzehn Meter.[50]

---

[50] Man kann die Dauer eines solchen Frauen-Überholmanövers übrigens ganz leicht mit folgender mathematischer Formel errechnen:

Das ist der Moment, in dem die Frau zu glauben beginnt, dass sie es tatsächlich schaffen kann. Eine Stunde später passiert die Frau die Sechs-Meter-Marke und nimmt euphorisch die letzten neun in Angriff. Das ist der Moment, in dem der Mann im Wagen hinter ihr zum ersten Mal spürt, wie da etwas ganz leicht irgendwo in der Nähe seines Hypothalamus zu drücken scheint.

3. Der gleiche Ablauf wie eben. Nur mit einem Unterschied: Während der Mann im Wagen hinter ihr zum ersten Mal einen leichten Druck in der Hypothalamus-Gegend verspürt, bricht die Frau das Manöver ab, weil sie keine Chance mehr hat, den Lkw noch zu überholen, bevor ihre Ausfahrt kommt.

Die Geschichte autofahrender Frauen ist eine Geschichte voller Missverständnisse. Zu den größten Frauenirrtümern beim Autofahren gehören folgende Annahmen:

Z = (m1 + m2) x (v2/r - v1) - b. Dabei ist Z die zu errechnende Zeit, m1 die Länge des Lkws, v1 seine Geschwindigkeit. Analog dazu ist m2 die Länge des Wagens der Frau und v2 ihre Geschwindigkeit. Die Variable r kennzeichnet die Länge des Rocks der Frau und b die Haarfarbe. Nehmen wir nun einmal an, ein dreizehn Meter langer Lkw fährt mit 80 km/h auf der Autobahn, und eine blonde Frau in einem knapp zwanzig Zentimeter kurzen Rock versucht ihn mit ihrem 1,30 Meter langen Smart mit einer Geschwindigkeit von 80,5 km/h zu überholen. Das dauert dann ungefähr zwei Tage. Dieselbe Zeit, die Männer bräuchten, um in einer Rakete zum Mond zu fliegen.

- dass es Verkehrssituationen gebe, in denen es eine vollkommen angemessene Reaktion sei, die Hände vom Lenkrad zu nehmen und aufs Gaspedal zu drükken;
- dass der Blick in den Rückspiegel der Kontrolle der Frisur dient, und
- dass Männer es sexy finden, wenn eine Frau sie bittet, ihr den Wagen einzuparken.

Es stimmt auch nicht, dass die Höhe des Autositzes proportional ist zu der Sicherheit, mit der man sich durch den Verkehr bewegt. Frauen glauben das. Deshalb lieben sie Vans, die neueste Plage auf den Straßen dieser Welt.

Ein Mensch kann in seinem Leben wirklich viele dumme Dinge anstellen. Zum Beispiel für einen Friseurbesuch mehr als fünfzig Euro bezahlen. Den Lieblingshamster der kleinen Tochter mit einem Fünfzehnhundert-Watt-Staubsauger hinter der Kommode hervorholen. Oder im Sitzen pinkeln. Zu den dümmsten Sachen aber gehört es, mit dem Auto länger als eine Minute neben, hinter oder vor einer Frau im Van herzufahren. Da spielt man besser gleich eine gemütliche Partie russisches Roulette, bei der alle sechs Kammern des Revolvers mit einer Patrone gefüllt sind. Die Gefahr, die von einer Frau im Van ausgeht, ist größer als die, bei einem erzwungenen Besuch in der Oper an Langeweile zu sterben. Warum?

Frauen fühlen sich in einem Van sicher.

Fuhren sie früher immer brav so weit rechts wie möglich und blinkten eine halbe Stunde lang, bevor sie die Spur wechseln oder gar abbiegen wollten, glauben Frauen in einem Van, dass sie tatsächlich Auto fahren können. Und wenn doch einmal etwas passieren sollte, zerquetscht ihr großer hoher, dick gepanzerter Van einfach diese flachen Sportflitzer, in denen die Männer immer so gern durch die Gegend sausen.

Folgende Aufgabe: Sie haben eine Kröte, die gerne von A nach B wandert. Leider befindet sich zwischen A und B eine vielbefahrene Straße. Da die Kröte sich hartnäkkig weigert, beim Überqueren dieser vielbefahrenen Straße nach links und nach rechts zu schauen und erst dann weiterzuwandern, wenn sie festgestellt hat, dass sich ihr kein Auto nähert, hat sie sich als ordentlicher Verkehrsteilnehmer disqualifiziert. Wie lösen Sie dieses Problem? Genau, Sie bauen einen Tunnel, mit dessen Hilfe die Kröte sicher von A nach B gelangt, ohne dass sie auf die Straße muss.

Niemals aber würden Sie auf die Idee kommen, die Kröte in einen dreihundert PS starken und bis zu zweihundertdreißig Stundenkilometer schnellen Van zu setzen, damit sie sich gegenüber den anderen Verkehrsteilnehmern auf der Straße zur Wehr setzen kann.

Es gibt Frauenhäuser, Frauenärzte, Frauenparkplätze. Warum aber gibt es keine Frauenautobahn? Auf einer Frauenautobahn betrüge die Höchstgeschwindigkeit fünfundzwanzig Stundenkilometer. Männer müssten ihre Autos schieben. Und alle fünfhundert Meter gäbe es eine Ausfahrt, die zu einem Badezimmer mit einer blitzsauberen Toilette und einem komplett ausgestatteten Schminktisch führt. Und in dem Badezimmer gäbe es auch eine Waage. Und immer wenn eine Frau sich auf diese Waage stellt, dann zeigt diese Waage vierundfünfzig Kilogramm an.

Und manchmal sogar ein halbes Kilo weniger.

23. Kapitel

In welchem ein Mann vollkommen glücklich ist, aber ganz in seiner Nähe aufhält sich eine Frau auf, die bereit ist, daran etwas zu ändern.

Nirgends auf der Welt ist das Gefühl von Glück so konzentriert erfahrbar wie in einem Casino. Beim Roulette zum Beispiel. Gewinnen und verlieren liegen nur wenige Millimeter nebeneinander. Ein kleiner, für das menschliche Auge unsichtbarer Riss in der auf Hochglanz polierten Oberfläche des Roulettes lenkt die vom Croupier geschickt geworfene Kugel statt auf die reich machende 16 auf die vollkommen uninteressante 23 und entscheidet so über das Leben eines Menschen.

Wäre die Kugel auf die 16 gefallen, hätte zum Beispiel der unscheinbare, etwa 1,75 Meter große und noch sehr junge Mann mit braunen Augen und schulterlangem Haar, der an der hinteren linken Ecke des Tisches Platz genommen hatte, seinen Einsatz von zehn Euro – sein letztes Geld an diesem Abend – auf dreihundertsechzig Euro erhöht, die er, vom Glück dergestalt angespornt, in der Folge auf die 26 und die 13 gesetzt hätte. Und wie magisch wäre die weiße Kugel, geführt von jenem kleinen, für das menschliche Auge unsichtbaren Riss in der auf Hochglanz polierten Oberfläche des Roulettes, auf eben diese Zahlen gefallen. Wenig später hätte der junge Mann das Casino mit vierhundertsechsundsechzigtausendfünfhundertsechzig Euro und drei Damen, die er auf dem Weg vom Tisch zur Kasse kennengelernt hat, verlassen.

Wäre die Kugel dagegen auf die 23 gefallen, hätte dieser unscheinbare junge Mann seine letzten zehn Euro verloren. Bevor er wenig später nach Hause gegangen wäre, hätte er noch erlebt, wie an einem anderen Roulettetisch ein sehr alter, offensichtlich sehr betuchter Mann seiner sehr jungen, offensichtlich sehr an seinem Geld interessierten weiblichen Begleitung die Spielregeln erklärte.

»Schau, du kannst zum Beispiel auf Rot oder Schwarz setzen.«
»Ich will aber Blau.«
»Man kann beim Roulette nicht auf Blau setzen.«
»Blödes Spiel.«

Diese kleine Begebenheit wäre dem jungen Mann den ganzen Heimweg über im Kopf herumgespukt. Und weil er sie auch dann noch nicht vergessen hätte, als er ins

Bett gehen wollte, hätte er sich entschlossen, diese Begebenheit aufzuschreiben. Er hätte sich an seinen Schreibtisch gesetzt und erst zwei Wochen später zu schreiben aufgehört. Fünf Monate später wäre dieses Buch an die Spitze der Bestsellerlisten geschossen, und unser junger Mann hätte damit mehrere Millionen Euro verdient.[51]

Nein, nirgendwo anders als in einem Casino ist das Gefühl von Glück so konzentriert erfahrbar.

Leider haben Männer und Frauen vollkommen unterschiedliche Vorstellungen davon, was das eigentlich ist: Glück.

Viele Frauen glauben, dass Männer glücklich bis an ihr Lebensende sein könnten, wenn sie nur immer genug Geld und immer neue junge Blondinen an ihrer Seite hätten.

Das stimmt.

Aber immer dann, wenn ein Mann glücklich ist, hält sich ganz in seiner Nähe eine Frau auf, die bereit ist, das zu ändern.

Da hat es beispielsweise der Lieblingsverein eines Mannes dank des größten Wunders seit Erfindung des Akkubohrschraubers zum ersten Mal seit zwanzig Jahren wieder in ein Champions-League-Finale geschafft. Das Bier ist gekühlt, die Drei-Kilo-Partytonne Chips steht bereit. Es ist das vollkommene Glück. Doch kaum wird das Spiel angepfiffen, beginnt die Frau dieses Mannes etwas zu tun, was sie früher noch nie getan hat.

---

[51] Und jetzt raten Sie mal, wie dieses Buch heißt?

Sie interessiert sich für das Spiel.

Und beginnt Fragen zu stellen.

»Warum tragen die eigentlich diese schwarzen Hosen zu den gelben Trikots? Weiß würde doch auf dem grünen Rasen viel besser aussehen? … Und wer muss hinterher dann wieder die ganzen Grasflecken aus den weißen Trikots rauskriegen? Natürlich ich!«

Und plötzlich beginnt der Mann etwas zu tun, was er früher noch nie getan hat. Er mag das Fußballspiel nicht mehr sehen.

Statt dessen möchte er lieber ein wenig darüber nachdenken, warum eine Frau nur fünf Minuten braucht, damit ein Mann sich wie der vollkommene Loser fühlt.

24. Kapitel

In welchem über die zentrale Rolle des Geburtsschmerzes im Leben eines Mannes berichtet und festgestellt wird, dass alles besser wird, wenn ein Mann erst mal den Trick durchschaut hat, wie man eine zehn Zentimeter große Melone durch ein drei Zentimeter großes Loch quetscht.

Der Geburtsschmerz ist eine zentrale Erfahrung im Leben eines Mannes.

Erst erinnert ihn seine Mutter ständig daran, welche Qualen sie ertragen hat, als er zur Welt kam. Später hält ihm seine Frau täglich jenen Urschmerz vor, den sie durchlitten hat, um dem gemeinsamen Kind das Leben zu schenken.

Meistens reden Frauen über die Mutter aller Schmerzen, wenn es darum geht, Entscheidungen zu treffen. Zum Beispiel über den Kauf eines neuen Autos.

»Bist du dir sicher, dass wir einen Sportwagen kaufen sollten?«

»Ja, das ist ein wahnsinnig schönes Auto. Es fühlt sich unglaubli…«

»Ach nee, ich hör wohl nicht recht. Hast du gerade ›wahnsinnig schön‹ gesagt? Wann hast du mir eigentlich das letzte Mal gesagt, dass du mich ›wahnsinnig schön‹ findest?«

»Entschuldige, Liebling, aber so ein Auto bleibt doch immer nur eine seelenlose Blechkiste, die man gar nicht mit dir vergleichen kann.«[52]

»Soso?!«[53]

»Ja, und wie gesagt, es fühlt sich unglaublich an, wenn du nur kurz aufs Gaspedal tippst und der Wagen so beschleunigt, dass du mit 1g in die Sitze gepresst wirst.«

»Soso?!«

»Außerdem sitzt man so tief, dass sich der Po nur zehn Zentimeter über dem Boden befindet. Ist das nicht Wahnsinn? Der Wagen ist so flach, dass man damit glatt unter einem Lkw hindurchfahren könnte.«

»Soso?!«

»Und, Liebling, was sagst du zu dem Auto? Ist es nicht ein absoluter Traum?«

»Gibt es auf der Fahrerseite auch einen Spiegel in der Sonnenblende?«

---

[52] Clever reagiert!

[53] Aber es hat nicht geholfen. Nur Frauen sind in der Lage, einen Satz so zu betonen, dass er gleichzeitig mit einem Frage- und einem Ausrufezeichen endet. Wenn Frauen einen Satz so betonen, dass er gleichzeitig mit einem Frage- und einem Ausrufezeichen endet, wird es höchste Zeit, sich in Sicherheit zu bringen.

»Nein, es gibt gar keine Sonnenblende in dem Wagen. Die Scheiben sind doch getönt.«

»Soso!? An welche Farbe hast du gedacht?«

»Rot natürlich.«

»Soso. Und ich sitze mit meinem Po gerade mal zehn Zentimeter über der Straße?«

»Jaaa?«

»Weißt du eigentlich, welche Schmerzen ich bei der Geburt deines Sohnes durchgemacht habe?«[54]

Die Erinnerung an den Geburtsschmerz ist die Methode der Frauen, »nein« zu sagen, ohne dieses Wort zu benutzen.[55] Es ist kein normales Nein, über das man noch einmal reden oder diskutieren könnte.

Das Geburtsschmerz-Nein ist ein endgültiges Nein.

Und es ist der dezente, aber unmissverständliche Hinweis darauf, dass man statt des Sportwagens einen Wagen kaufen wird, der beiden gefällt.

Einen Van.

Mintgrün lackiert.

Wahrscheinlich ist Kinderkriegen die leichteste Sache

---

[54] Rein juristisch betrachtet ist das, was der Erwähnung des Geburtsschmerzes folgt, eine Erpressung. Aber so heißt es natürlich nicht, wenn eine Frau das macht.

[55] Sollte es in ein paar Jahren zu einem Streit der Ehepartner kommen, bei dem er seiner Frau vorwirft, dass sie zu allem, wovon er je geträumt hat, immer nur »nein« gesagt habe, wird sie nur leicht die Augenbrauen hochziehen und fragen: »Habe ich das?« Und schon steht Mann vielleicht wieder blöd da.

von der Welt. Wahrscheinlich lernen Frauen während der Schwangerschaftsgymnastik oder bei den Geburtsvorbereitungskursen nichts weiter, als wie sie es am besten so aussehen lassen, als ob sie furchtbare Schmerzen hätten. Damit ihre Männer nichts merken.

Ist Ihnen schon einmal aufgefallen, dass es nicht wenige Frauen gibt, die sich mit einem Silk-épil sämtliche Haare an ihrem Körper ausreißen?

Sogar die Haare unter ihren Achseln.

Das müssen Schmerzen sein.

Stellen Sie einen Mann vor die Wahl, sich sämtliche Achselhaare mit einem Silk-épil entfernen zu lassen oder auf unbestimmte Zeit in eine ein mal zwei Meter große Gefängniszelle gesperrt zu werden, die weder ein Fenster noch einen Abort hat und zu der nur ein einziger Mensch auf der Welt den Schlüssel besitzt, nämlich seine Schwiegermutter – dieser Mann würde jede Nacht in der Dunkelheit seiner Zelle dem lieben Gott danken, dass er ihm eine Schwiegermutter gegeben hat, und beten, dass sie diese Tür niemals öffnen möge. Denn womöglich lauert dort draußen doch noch irgendwo die Epilady, um ihn zu rasieren.

Nein, an der Sache mit dem Geburtsschmerz ist definitiv etwas faul.

Denn gäbe es den Geburtsschmerz nicht, würden es die Frauen viel schwerer haben, mit ihren Männern letzten Endes immer das machen zu können, was sie wollen. So aber behalten sie stets ein prima Faustpfand in der Hand, um ihre Männer herumzukommandieren, ohne dass diese so richtig begreifen, was da eigentlich gerade wieder mit ihnen geschieht.

Bis zu dem Tag, an dem ein Mann den Trick herausgefunden haben wird, wie man eine zehn Zentimeter große Melone durch ein drei Zentimeter großes Loch quetschen kann. Wir arbeiten daran. Die größten Zauberer der Welt sind Männer. Wir haben bereits herausgefunden, wie man Frauen zersägen und wieder zusammensetzen kann, wie man anderen Menschen Geld aus den Ohren zieht oder ein Kaninchen aus dem Hut zaubert. Es kann nicht mehr lange dauern, bis wir den Dreh mit der Melone durchschaut haben.

Investieren Sie ruhig schon mal in die Aktien der großen Sportwagenhersteller.

25. Kapitel

Welches von einer Hoffnung berichtet, an die Frauen sich klammern wie ein Alkoholiker an seine letzte Flasche Mariacron. Obwohl keinerlei Anlass zur Hoffnung besteht.

Warum benutzen Frauen soviel Parfüm und tragen solche Unmengen an Make-up?

Ein Politiker würde sagen: »Kein Kommentar.«

Eine Frau würde sagen: »Das geht dich gar nichts an.«

Ein Logiker würde sagen: »Weil sie hässlich sind und stinken.«

Ein Frauenversteher würde sagen: »Weil es sie noch aufregender macht!«

Ein Mann, wie er vor einer Million Jahre auf der Erde lebte, hätte gesagt: »Mir doch egal.«

Ein Mann, der heute auf der Erde lebt, würde aus Angst vor der falschen Antwort einen Schweißausbruch bekommen und einen Herzinfarkt herbeisehnen.

Vor hundert Jahren hatten die Frauen nur ein einziges

Gesichtswasser: Schweiß. Heute ist die Auswahl an Kosmetikprodukten, die den Frauen zur Verfügung steht, unendlich. Zum Beispiel bei Cremes.

Es gibt Tagescreme.
Es gibt Nachtcreme.
Es gibt 12.36-Uhr-Creme.
Es gibt Re-Aktiv-Creme.
Es gibt Repair-Creme.
Es gibt Refine-Creme.
Es gibt Q10-Creme.
Es gibt Q10-Plus-Creme
Es gibt Body-Power-Creme.
Es gibt Feuchtigkeits-Creme.
Es gibt getönte Feuchtigkeits-Creme.
Es gibt Hydro-Protect-Creme.
Es gibt Sensitive-Zone-Creme.
Es gibt Superdefense-Creme.
Es gibt Multi-Active-Creme.
Es gibt Multi-Reduktions-Creme.
Es gibt Home-Beauty-Care-Creme.
Es gibt Antifalten-Creme.
Es gibt Anti-Aging-Creme.
Es gibt Anti-Aging-Energizer-Creme.
Es gibt rückfettende Körpercreme.
Es gibt mattierende Creme.
Es gibt selbstbräunende Creme.

Liebe Frauen, ihr habt es vielleicht noch nicht mitgekriegt, aber seit Jahren verkauft die Kosmetikindustrie euch ein und dieselbe fettige Creme. Das einzige, was sich daran geändert hat, ist das Design der Cremedose und der Name dafür. Irgendwo auf diesem Planeten gibt es eine riesige Fabrik, in der jeden Tag Millionen und Abermillionen Tonnen weißer fettiger Creme hergestellt werden. Und jeder, dem ein neuer Name für die Creme eingefallen ist, geht in diese Fabrik, füllt die fettige weiße Creme in seine selbstentworfene Dose und verkauft das Zeug für teures Geld.

Denn Millionen Frauen stecken ihre Nase in jede Tube oder Dose, die ihnen unter die Augen kommt, in der Hoffnung, dass sie eines Tages eine Creme darin finden, die ihre Beine genauso glatt und fest aussehen lässt wie die von Michelangelos David.[56] Diese eine Hoffnung geben Frauen in ihrem Leben niemals auf.

Der Körper klammert sich an jedes Gramm Fett wie ein Alkoholiker an seine letzte Flasche Mariacron, wie ein Ertrinkender an einen Rettungsring, wie eine Frau an ihre Kleider, die sie vor zwanzig Jahren getragen hat, als ihr die Männer noch hinterherpfiffen und in die sie

---

[56] Kennen Sie diese Werbespots, in denen behauptet wird, dass 97 Prozent der Frauen, die dieses Produkt benutzen, es ihrer Freundin empfehlen? Schöner hat noch nie jemand formuliert, dass man das Zeug getrost ins Klo kippen kann. Niemals würde eine Frau ihrer besten Freundin eine Creme verraten, die tatsächlich gegen Falten hilft. Sie würde es schlicht für sich behalten und spätestens nächsten Sommer am Strand, wenn sie und nur sie die gierigen Blicke der Männer auf sich zieht, wissen, dass sie alles richtig gemacht hat. Würde es einer Frau gelingen, eines Tages ein Mittel gegen Cellulitis zu erfinden, wäre sie der glücklichste Mensch auf dem Planeten. Aber nicht der reichste.

jetzt nicht mehr hineinpasst. Erst nach zwei Stunden langsamen Laufens hat der Körper seine Kohlehydratspeicher geleert und stößt bei der Suche nach neuen Energiequellen auf die Reserven, die er für kalte Wintertage auf die Seite gepackt hat: das Fett über den Hüften. Nach zwei Stunden langsamen Laufens brennt das Fett. Das ist für Frauen viel zuviel. Lieber schließen sie sich in ihrem Badezimmer ein und cremen sich viereinhalb Stunden lang ein.

Fett lässt sich nicht wegcremen.

Aber das ist den Frauen egal.

Und an dem Tag, an dem es einem Mann gelingt, seine Frau davon zu überzeugen, dass Blowjobs die ultimative Wunderwaffe gegen Cellulitis sind …

… an diesem Tag feiern wir Männer unseren Independence Day.[57]

---

[57] Apropos Independence Day: Hätte Donald Rumsfeld der Welt damals erzählt, man habe im Irak endlich Arsenale mit Fässern gefunden, die Glycerin, Octyldodecanol, 1-Methylhydantoine-2-imide, Propylparaben, Hydroxyisohexyl 3-Cyclohexene Carboexaldehyde und Ubiquinone enthalten, hätte alle Welt an das Märchen mit den chemischen Massenvernichtungswaffen geglaubt. Dabei handelt sich nur um einen kurzen Ausriss der Inhaltsstoffe einer herkömmlichen Körperlotion.

26. Kapitel

In welchem Männer bei den Karrieren von Frauen nicht durchblicken und mehr Angst vor einer Frau als Chef haben als vor ihrer Schwiegermutter.

Bei den Karrieren von Frauen blicken Männer nicht so recht durch. Hat man es jetzt als Frau eigentlich geschafft, wenn man auf dem Titel des Otto-Katalogs abgebildet ist und seine selbstentworfene Modekollektion präsentiert? Oder ist das der Moment, in dem die Karriere einer Frau schon wieder vorbei ist?

Mit Frauen zusammenzuarbeiten, ist ungefähr so, als würde man mit Piranhas baden. Den einen Moment denkt man noch: »Ach, die sind ja klein und harmlos.« Im nächsten steht man bis auf die Knochen abgenagt im Wasser und ziemlich blöd da.

Männer haben vor vielen Dingen Angst: vor ihrer Schwiegermutter, auf der Autobahn von einer Frau überholt zu werden, sich um die Blumen der Nachbarn kümmern zu müssen, vor einem Essen, zu dem auf beiden Seiten des Tellers vier Gabeln und vier Messer eingedeckt sind.

Sie haben Angst vor dem ersten Kratzer im Lack ihres neuen Autos, davor, dass ihre Lieblingsmannschaft absteigt oder dass sie gemeinsam mit ihrer Frau im Kino einen Film angucken müssen, in dem Hugh Grant die Hauptrolle spielt.

Die größte Angst in ihrem Leben aber haben Männer davor, eine Frau als Chef zu haben.

Warum?

Weil wir es nicht ertragen, von einer Frau herumkommandiert zu werden? Weil wir vor starken Frauen Angst haben? Weil wir Frauen, die wirtschaftlich unabhängig sind, nicht so leicht unterdrücken können wie solche, die kein Geld verdienen? Weil wir, wenn unser Frauenchef sich als blöd herausstellt, uns nicht damit trösten können, dass unsereiner den Größeren hat?

Alles Quatsch.

All diese Aussagen gehören zu den von Frauen immer wieder gezielt gestreuten Gerüchten, die nur den einen Zweck haben, die Männer glauben zu machen, dass sie nichts weiter wären als gefühllose, beziehungsunfähige, frauenunterdrückende Grobiane.

Millionen Männer haben Frauen geheiratet. Wir können es also sehr wohl ertragen, von einer Frau herumkommandiert zu werden. Wir haben auch überhaupt nichts gegen Frauen, die stark sind. Ist doch prima, wenn eine Frau nicht ins Japsen gerät, nur weil sie einen

Kasten Bier in die fünfte Etage schleppen muss.[58] Und welcher Mann hat sich jemals darüber beschwert, dass eine Frau ihre neue Prada-Handtasche selbst bezahlt und ihm zu Weihnachten einen neuen Porsche schenkt, den sie drei Tage später beim Ausparken aus Versehen mit ihrem Van überrollt? Keiner.

Und um die Sache mit dem Penisneid ein für allemal klarzustellen: Es ist nicht das primäre Problem der Männer, dass ihr Schwanz groß oder klein ist.

Es ist das primäre Problem der Männer, dass sie keinen Sex haben.

Kennen Sie das hochinteressante philosophische Problem, in dem es um das Geräusch eines im Wald heruntergefallenen Astes geht? Nein? Das Problem geht so:

Was ist, wenn zu dem Zeitpunkt, an dem der Ast herunterfällt, niemand da ist, der das Geräusch hören kann? Existiert dieses Geräusch, auch wenn es niemand gehört hat? Oder existiert das Geräusch nicht, weil es eben keinen Zeugen seiner Existenz gibt und auch niemals einen geben wird?

Frauen denken über solche Probleme sehr, sehr lange nach.

Und jetzt beantworten Sie bitte folgende Frage: Glauben Sie, dass es für die Lösung dieses Problems irgendwie von Bedeutung ist, ob das Geräusch des herunterfallenden Astes laut oder leise ist? Oder ob dieser Ast zehn oder zwanzig Zentimeter lang ist?

---

[58] Ohne Lift.

Eben nicht.

Der wahre Grund, warum Männer sich davor fürchten, Frauen als Chefs zu haben, ist deren Entschlusskraft.

Frauen als Chefs erinnern stets an jene telepathischen Wesen aus Akte X, die immer nur regungslos in der Gegend herumstehen und Menschen dazu bringen, sich selbst zu entzünden, dem Wahnsinn zu verfallen oder am Strand zwanghaft Sandburgen zu bauen. Und das ist nicht das, was man sich im allgemeinen unter einem Chef vorstellt.

Der Chef bestimmt. Er ist der Mann, der alle fähigen Mitarbeiter entlässt und die Pfeifen behält. Und wem das nicht passt, der fliegt raus. Er ist der Mann, der den ganzen Tag lang seine Füße auf den Schreibtisch legen kann. Und wer sich darüber beschwert, fliegt. Der Chef ist der Mann, der jeden Tag tausend Euro verdient, selbst an den Tagen, an denen er keinen einzigen Finger krumm gemacht hat. Und davon gibt es nicht wenige. Er ist der Mann, der auf der Weihnachtsfeier seine Sekretärin schwängert, obwohl er bereits ein Kind mit einer der Frauen aus der Lohnbuchhaltung hat und eines mit einer im Vertrieb.[59] Der Chef ist der Mann, der sechsundzwanzig Meetings mit seinen wichtigsten Mitarbeitern anberaumt, um die Weichen für die Zukunft der

[59] Bei den Frauen, die im Marketing arbeiten, in Fachkreisen auch grob »PR-Matratzen« genannt, hat der Chef Glück gehabt, dass sie allesamt verhüten.

Firma zu stellen, und nachdem jeder seine Meinung gesagt hat und alle ausgeredet haben, erklärt er ihnen, wie er sich das vorgestellt hat und wie es gefälligst auch gemacht wird. Und wem das nicht passt, der fliegt. Das ist ein Chef.

Ein Chef wird niemals den Betrieb in seinem Haus tagelang lahmlegen, weil er sich nicht entscheiden kann, ob die neuen Leitzordner eher grün oder blau sein müssen, damit sie zum Rest der Büroeinrichtung passen.

Eine Frau schon.

Nicht umsonst lautet die Frage, die sich eine Frau in ihrem Leben am häufigsten stellt: »Was soll ich bloß tun?«

Und wehe, sie findet eine Antwort darauf.

Der andere Grund, warum die Karrieren von Frauen so schleppend verlaufen, ist, dass mit Ausnahme der oben erwähnten es die meisten vorziehen, mit ihrem Chef genauso oft Sex zu haben wie mit ihrem Mann.

Nämlich gar keinen.

27. Kapitel

In welchem Frauen in einer Schönheitsklinik einkaufen wie in einem Supermarkt und irgend etwas mit den Kleiderschränken der Frauen nicht in Ordnung zu sein scheint.

Am Anfang seines Lebens fragt sich ein Mann noch: »Was kostet die Welt?«

Am Ende seines Lebens weiß er es.

Denn Frauen lieben Geld. Vor allem das ihrer Männer. Das ist auch der Grund, warum sich Frauen immer in das Arschloch mit dem Porsche verlieben, während der nette Typ im Fiat Punto auf den Straßen der Liebe immer noch nach einem Parkplatz sucht.

Männer bezahlen immer.

Nichts verschafft einer Frau größere Befriedigung, als mit der Kreditkarte ihres Mannes das neue Paar Schuhe zu bezahlen, von dem sie genau weiß, dass es dafür in ihrem Schuhschrank keinen Platz mehr gibt. Mittlerweile kaufen Frauen sogar in Schönheitskliniken ein wie in einem Supermarkt.

»Was darf es bei Ihnen denn sein?«

»Ich hätte gerne drei Kilogramm Fett abgesaugt, zwei Augenliftings und eine Brustvergrößerung, bitte.«

»Möchten Sie Ihre Brustvergrößerung vielleicht in Doppel-D? Die haben wir gerade im Angebot.«

»Ja, warum nicht!«

»Das macht dann zwölftausendfünfhundertachtundsiebzig Euro, bitte.«

»Ach, und wo ich schon mal da bin, nehme ich die Nasenkorrektur gleich auch noch mit.«

»Gern, dann sind es genau vierzehntausend Euro.«

Frauen geben Geld für die sinnlosesten Dinge aus. Zum Beispiel Kleider. Ist Ihnen schon einmal aufgefallen, dass eine Frau Hosen, Blusen und Tops traumhaft schön, umwerfend oder bezaubernd findet, solange diese Sachen noch in einer Boutique hängen? Weshalb sie all diese Sachen unbedingt haben muss? Und dass dieselbe Kleidung, sobald eine Frau sie in ihren Kleiderschrank gepackt hat, plötzlich nur noch alt und hässlich ist?

Ist irgend etwas mit den Tüten nicht in Ordnung, in denen die Frauen die Sachen nach Hause tragen?

Oder mit dem Kleiderschrank?

Vor allem Frauen über siebzig haben in Sachen Geld vollkommen den Durchblick verloren. Mittlerweile reüssieren die meisten Trickbetrüger an Deutschlands Haustüren mit einem ganz simplen Kniff. Sie klingeln, eine weißhaarige Frau öffnet vorsichtig die Tür, die Gauner sagen: »Bitte geben Sie mir Ihr ganzes Geld!«, und ziehen wenig später um ein paar hundert Euro reicher von dannen.

28. Kapitel

In welchem von den sechs Frauen berichtet wird, die es im Leben eines Mannes gibt.

Es gibt im Leben eines Mannes sechs Frauen:

1. seine große Liebe,
2. die Frau, die er heiratet,
3. die Frau, bei der er hofft, die Fehler aus seiner ersten Ehe nicht noch einmal zu begehen,
4. die Frauen, die er heiratet, nachdem seine ersten beiden Ehen geschieden wurden,
5. seine Mutter,
6. seine Schwiegermutter.

Die erste Frau: die große Liebe

Die meisten Männer haben das große Pech, dass sie dieser Frau niemals in ihrem Leben begegnen, sondern gleich bei der Frau landen, die sie später heiraten.

Die zweite Frau: die Frau, die ein Mann heiratet
Am Anfang glaubt ein Mann noch, dass es wahrscheinlich an der Wohnung liegt. Oder am Alltag.

Beides ist falsch.

Es liegt niemals an der Wohnung, wenn es in einer Beziehung nicht so gut läuft. Und über den Alltag gibt es eine sehr schöne Geschichte. Die geht so:

Es gab einmal einen Mann. Und eines Tages begann der Mann damit, nachzudenken. Er tat den ganzen Tag über nichts anderes. Er hörte sogar auf, mit seiner Frau und allen anderen Menschen zu reden, um seinen Gedankenfluss nicht zu unterbrechen. Kein einziges Wort sprach er mehr. Nicht einmal während er aß, hörte er auf zu denken.

Und wenn er auf der Toilette saß, dann hatte er sogar das Gefühl, dass er noch ein kleines bisschen besser nachdenken konnte als sonst.

Nach einigen Monaten hörte seine Frau endlich auf, mit ihm zu schimpfen. Er hatte ihr zwar keine Beachtung mehr geschenkt und sich voll und ganz auf seine Gedanken konzentriert, aber die Nörgeleien hatten ihn so manches Mal aus dem Rhythmus gebracht. Jetzt war er endlich vollkommen ungestört. Er dachte über das Leben nach, die Frauen, die Männer und darüber, warum die Menschen in Italien denken, dass es Glück bringt, wenn man von einem Vogel angekackt wird. Und so verging eine sehr, sehr lange Zeit. Der Mann war mittlerweile berühmt geworden. Seine Frau war furchtbar stolz auf ihn. Gespannt wartete die Welt darauf, was der Mann, der die ganze Zeit nachdachte, als erstes sagen würde, wenn er mit dem Nachdenken fertig war. Man hoffte, dass es etwas sehr Kluges sein würde. Vielleicht war es ja dem Mann, der die ganze Zeit nachdachte, gelungen, den Sinn des Lebens zu ergründen?

Eines Tages war es soweit. Der Mann schickte sich an zu sprechen. Und er sagte: »Schatz, ich habe Hunger. Was hast du uns denn heute Schönes zu essen gemacht?«

Seine Frau war furchtbar wütend auf ihn, enttäuscht trollte sich die versammelte Weltöffentlichkeit, und nur drei der Menschen auf der Erde, die dem außergewöhnlichen Moment beiwohnten, begriffen, dass der Mann, der so lange nachgedacht hatte, den Sinn des Lebens tatsächlich gefunden hatte.

Der eine starb drei Tage später an den Folgen eines Autounfalls. Er war so freundlich gewesen, der Aufforderung einer Frau nachzukommen, sie in eine Parklücke zu winken. Nachdem der Van ihn mehrfach überrollt hatte, kam jede Hilfe zu spät.

Der zweite starb einige Wochen später. Er hatte seine Frau zu einem romantischen Abendessen eingeladen. Auf dem Weg nach Hause blickte er mit ihr empor zu den Sternen, die am Himmel funkelten, und sagte: »Willst du mir nicht einen runterholen?« Als sie den Pfennigabsatz ihrer Schuhe etwa drei Zentimeter tief in seinen Kopf rammte, stammelte er noch, es sei nicht so gemeint gewesen. Wenig später erlag er seinen Verletzungen.

Der dritte hatte etwas mehr Glück. Er wurde noch am

selben Tag, als er dank des Mannes, der so lange nachgedacht hatte, den Sinn des Lebens begriffen hatte, beim Lachsfischen von einem Bären angefallen. Sonst wäre er Monate später unter höllischen Qualen an einem haselnussgroßen Tuberkel gestorben, das an seinem Hypothalamus wucherte.

Die dritte Frau: die Frau, bei der ein Mann hofft, die Fehler aus seiner ersten Ehe nicht noch einmal zu begehen

Das, was ein Mann mit seiner dritten Frau erlebt, bei der er hofft, aus den früheren Fehlern gelernt zu haben, kommt dem sehr nahe, was ein Kind erlebt, das aufhört, an den Weihnachtsmann zu glauben. Eines Tages steht man da und weiß, dass die ganze Geschichte ein bisschen anders funktioniert, als man bisher angenommen hat. Es ist nicht so, dass man sich betrogen oder hinters Licht geführt fühlt, weil es eigentlich ein ganz gutes Gefühl war, an diese Geschichte zu glauben. Aber jetzt weiß man es halt besser.

Die vierte Frau: die Frauen, die ein Mann heiratet, nachdem seine ersten beiden Ehen geschieden wurden

Männer sind ja nicht dumm. Irgendwann glauben sie tatsächlich, den Dreh rauszuhaben, wie sie mit den Frauen besser klarkommen. Wenn man sich nur penibel an die Gebrauchsanweisung für Frauen hält.

Die Gebrauchsanweisung besteht aus fünf Punkten:

1. Sage der Frau jeden Tag, dass du sie liebst.
2. Sage der Frau jeden zweiten Tag, dass sie phantastisch aussieht.
3. Notiere dir jeden Morgen die Farben der Kleider, die eine Frau anzieht, und achte darauf, dass sie es nicht merkt.
   Kommt es trotz strenger Beachtung der Punkte 1 und 2 zu einem Streit, wird sie dir in dessen Verlauf garantiert vorwerfen, dass du sie nicht mehr genügend beachten und anschauen würdest. Um das zu beweisen, wird sie dich fragen, ob du dich überhaupt noch an die Farbe der Bluse erinnerst, die sie gestern getragen hat. Mit Hilfe deiner Notizen geht das.
4. Antworte auf die Frage: »Findest du, dass ich zugenommen habe?«, niemals mit einem Satz, sondern immer nur mit einer Gegenfrage. Folgende Gegenfragen haben sich bewährt:
   »Wer hat das behauptet? Das Schwein bring ich um!«
   »Weißt du, wen ich neulich gesehen habe? Die Jana, auf die am Gymnasium alle Jungs scharf waren. Die ist vielleicht fett geworden! Und so was von zickig.«
   »Kannst du mir mal bitte den Salzstreuer geben?«
5. Mit folgenden Dingen muss die Frau regelmäßig versorgt werden:
   Parfüms und Cremes: täglich
   Blumen: einmal alle zwei bis drei Wochen
   Neue Schuhe: einmal monatlich
   Neue Handtasche: einmal alle zwei bis drei Monate

Schmuck: zweimal im Jahr
Deine Kreditkarte: täglich
Anwaltskosten für die Scheidung: einmal in sieben Jahren

Die fünfte Frau: seine Mutter
Siehe Kapitel 24, in welchem von der zentralen Rolle des Geburtsschmerzes im Leben eines Mannes berichtet wird. Neben der Geburtsschmerzfolter von seiten seiner Mutter erwartet den Mann im zeugungsfähigen Alter auch noch die Folter mit der gefürchteten Enkelfrage. Ist das heißersehnte Enkelkind dann endlich auf der Welt, sind die frischgebackenen Omas nur noch an einem interessiert: »Und, wann kriegt der kleine Kevin endlich ein Geschwisterchen?«

Die sechste Frau: seine Schwiegermutter
Die spanische Inquisition ist nichts im Vergleich zu einer Schwiegermutter. Hätten die Folterknechte Galileo Galilei, statt ihm die Daumenschrauben anzulegen, in seiner Zelle eine halbe Stunde lang mit seiner Schwiegermutter allein gelassen, wäre die Erde heute immer noch eine Scheibe.

Garantiert.

Das Bewerbungsgespräch für den Vorstandsposten in einem weltumspannenden Konzern mit der Verantwortung für dreihundertvierundfünfzigtausendsechshundertsiebenundzwanzig Arbeitsplätze ist eine Luschennummer gegenüber dem Vorstellungsgespräch eines Mannes bei seiner Schwiegermutter. Keine fünf Minuten, und man fühlt sich wie ein illegaler afrikanischer Einwanderer, der beim verbotenen Grenzübertritt erwischt wurde.

Und rechnen Sie ja nicht mit einem fairen Prozess.

Auf dieser Welt kann man alles kaufen. Sex, Drogen, Waffen, Regierungen und leider auch die CDs von Dieter Bohlen. Nur eine Sache, die ist nicht käuflich: das Herz einer Schwiegermutter. Selbst wenn ihre Tochter ihr jeden Tag erzählt, dass sie von ihrem Mann auf Händen getragen wird und er der beste Ehemann von allen sei, wird die Schwiegermutter jedes seiner Worte und jede seiner Handlungen stets mit Argwohn betrachten. Bis zu dem Tag, an dem der Mann unter dem Zickenterror seiner Frau zusammengebrochen ist und sich die beiden trennen. An diesem Tag wird die Schwiegermutter ihre Tochter in die Arme nehmen und sie mit den Worten trösten: »Er war sowieso nicht gut genug für dich!«

So wie alle anderen drei Milliarden hundertdreiundzwanzig Millionen sechshundertfünfundvierzigtausendachthundertdreiundsiebzig Männer auf dieser Erde auch.

29. Kapitel

In welchem von der zweitgefährlichsten Frau nach der Schwiegermutter berichtet wird, der ein Mann in seinem Leben standhaft gegenübertreten muss.

Männer haben viele verschiedene Rituale, sich ihrer Männlichkeit zu vergewissern. Sie vergleichen die Länge ihrer Penisse, messen sich im Armdrücken und rennen um die Wette. Oder aber sie versuchen, dem besten Freund die Freundin auszuspannen.

Während der Umgang von Männern mit ihren besten Freunden also recht locker ist, gestaltet sich die Situation bei den Frauen ein wenig anders.

Gleich nach der Schwiegermutter ist nämlich die beste Freundin seiner Frau die größte Gefahr für einen Mann.

Jede Frau hat eine beste Freundin. Und dieser besten Freundin erzählt sie alles. Ob der Busen schon hängt, die Cellulitis wuchert, die Hüften sich runden.

Eine beste Freundin kennt ihre beste Freundin in und auswendig.[60]

Noch schlimmer ist allerdings, dass eine beste Freundin auch alles über den Mann ihrer besten Freundin weiß.[61]

Sie weiß, ob er gut oder schlecht ist im Bett. Sie weiß, wieviel Geld er verdient. Sie weiß, dass er geweint hat, als die Titanic mit Leonardo DiCaprio und Kate Winslet an Bord unterging. Sie weiß, dass er immer wieder versucht, seine Socken noch einen zweiten Tag anzuziehen. Obwohl sie schon ein wenig riechen. Sie weiß auch, dass das gemeinsame Kind gar nicht von ihm ist.[62] Sie kennt sogar den Mann, den seine Frau wirklich liebt.

Mit anderen Worten: Ein Mann, der der besten Freundin seiner Frau begegnet, fühlt sich ihr gegenüber nackt und bloß.

Lacht sie ihn an, weil sie findet, dass er einfach ein netter Kerl ist? Oder lacht sie, weil sie weiß, dass er neulich beim Tennisturnier in seinem Verein zum vierten Mal wieder nur Letzter geworden ist?

Natürlich weiß die beste Freundin, dass er Schiss vor

---

[60] Wichtig: Die häufig auftretende parasitäre Beziehung einer schönen, aber leider vollkommen dummen Frau mit einer sehr, sehr klugen, aber leider um so hässlicheren Frau ist hiervon ausgeklammert.

[61] Wenn ein Mann wirklich wissen will, was seine Frau von ihm hält, dann sollte er die beste Freundin seiner Frau fangen und sie so lange foltern, bis sie es ihm sagt.

[62] Was er übrigens auch gerne wissen würde. Aber das ist eine andere Geschichte.

ihr hat. Und lacht ihn gleich noch ein wenig herzlicher an, um seine Unsicherheit richtig auszukosten.

Der Anblick eines unangenehm berührten Mannes mit rotem Kopf ist zwar kein Jungbrunnen, der dem Bindegewebe die Straffheit von vor zehn Jahren verleiht, aber immerhin wenigstens etwas, an dem eine Frau sich hin und wieder gerne labt.

30. Kapitel

In welchem Männer nur hin und wieder einen Blick auf ihre biologische Uhr werfen und trotzdem früher sterben müssen als die Frauen.

Während Männer ein Leben lang die Gelassenheit und Ruhe in Person sind und nur hin und wieder einen Blick auf ihre biologische Uhr werfen, scheint bei Frauen das Fortschreiten ihrer Lebenszeit mit einem aktiven Schmerz verbunden zu sein. Gemessen an der Folge hysterischer Anfälle apokalyptischen Ausmaßes, beginnt bei einer Frau der Herbst ihres Lebens im Alter von achtzehn Jahren. Dann beginnt der körperliche Zerfall rapide voranzuschreiten.

Frauen haben vor vielen Dingen Angst: mit vierzig noch nicht verheiratet zu sein, dass ihnen die Männer nicht mehr hinterhergucken, wenn sie einen kurzen Rock anziehen, oder das Gurkenglas mal wieder nicht aufzukriegen und einen Mann um Hilfe bitten zu müssen.

Die größte Angst aber haben Frauen vor Falten. Also vor jenen Furchen in der Haut, die einen Mann interessanter machen. Dabei verhält sich das Gesicht der Frauen – glaubt man ihren eigenen Beschreibungen – wie die Kontinentalplatten der Erde: Die einzelnen Teile driften und setzen dabei die Energie mehrerer Atombomben frei. Schiebt sich beispielsweise die Stirnplatte ungünstig Richtung Wangenplatte, reißt die enorme Kraft der Plattentektonik Furchen in die Haut einer Frau, gegen die der Marianengraben eine sanfte Hügellandschaft ist.

Neben den Falten ist die sich verändernde Beschaffenheit ihres Busens ein wichtiger Grund für Frauen, um regelmäßig auszuflippen. Schuld daran ist die Erdanziehungskraft, die – schenkt man den Beschreibungen einer Frau Glauben – auf ihren Busen dreimal so stark wirkt wie auf den Rest ihres Körpers. Das verheerende Resultat: Der Busen fällt. Und mit jedem Jahr, das vergeht, werden die Kraftanstrengungen größer und größer, die nötig sind, um ihren Busen überhaupt noch in der vorgesehenen Erdumlaufbahn zu halten.

Die dritte Sache, vor der sich eine Frau im Alter ganz besonders erschreckt, ist die bloße Zahl der Jahre, die sie bereits hinter sich hat. Ginge es nach den Frauen, würden sie immer sechsundzwanzig bleiben. Sechsundzwanzig ist das perfekte Alter für Frauen. Mit sechsundzwanzig geht sie nicht mehr als dumme Gans durch, die vom Leben keine Ahnung hat, und sie kennt genügend Tricks, um ihre Problemzonen so aufzupeppen, dass sie all ihre Konkurrentinnen mühelos aus dem Feld schlagen kann.

Männer dagegen entwickeln sich mit dem Alter wie ein guter Wein. Sie werden mit jedem Jahr besser und auch ein wenig wertvoller. Diese Reife führt dazu, dass sich ein Mann auch im hohen Alter noch für schnelle Sportwagen, junge Frauen und alle anderen Dinge begeistern kann, die das Leben lebenswert machen.[63]

Für Frauen dagegen ist das Älterwerden nur schlimm. Da stellt sich einem doch die Frage, warum Männer, die im Gegensatz zu den Frauen noch Spaß im und am Alter haben, viel früher sterben müssen als Frauen?

Was ist das, bitte schön, schon wieder für eine gemeine Laune der Natur?

---

[63] Dabei handelt es sich nicht, wie irrtümlich oft angenommen, um die Auswirkungen der sogenannten Midlife-Crisis eines Mannes. Männer haben gar keine Midlife-Crisis. Wenn ein Mann mit vierzig oder fünfzig wieder anfängt, durch die Bars zu ziehen, sich auf Affären mit Frauen einlässt, die seine Töchter sein könnten, oder seinen gutbezahlten Job kündigt, dann tut er das nicht, weil er auf der Suche nach dem wahren Sinn des Lebens ist, sondern weil er einfach Lust darauf hat, wieder durch die Bars zu ziehen, mit jungen Frauen zu schlafen und sich einen neuen Job zu suchen. Körperlicher Zerfall bereitet den Männern ebenfalls keine Probleme. Beethoven komponierte seine 9. Sinfonie, als er bereits vollkommen taub war. Ray Charles suchte sich immer die schönsten Frauen aus, obwohl er bereits vollkommen blind war. Und Daniel Küblböck tat das, was er tat, obwohl er hören und sehen konnte. Die Midlife-Crisis ist nichts weiter als eine Erfindung weiblicher Marketingstrategen.

31. Kapitel

In welchem die fünf Modesünden beschrieben werden, die Frauen in ihrem Leben begehen, und verraten wird, warum Schuhe und Taschen die perfekte Frauendroge sind.

Immer dann, wenn es der liebe Gott hat einrichten können, dass ein geistesschwacher, leicht verrückter Mann über unermesslichen Reichtum verfügte, wurde es ganz schnell lustig, und es kam wieder Leben in den sonst so zähen Fluss des Lebens.[64]

Immer dann, wenn es der liebe Gott so einrichten konnte, dass eine Frau über unermessliche Reichtümer verfügte, wurde irgendein italienischer Hungerleider, seines Zeichens Schuster in der siebten Generation, urplötzlich zum Millionär.

---

[64] Playboy Hugh Hefner investierte zum Beispiel Millionen in den perfekten Lifestyle: den ganzen Tag im Morgenmantel rumlungern, debil vor sich hingrinsen und trotzdem immer genügend Blondinen an der Seite.

Denn es gibt zwei Dinge, die können Frauen immer kaufen: Schuhe und Taschen.

Schuhe und Taschen sind die perfekten Frauendrogen. Warum? Weil der Kauf von Schuhen und Taschen nicht mit unschönen Nebenwirkungen verbunden ist. Beim Kauf eines neuen Paars Schuhe gerät eine Frau niemals in die Verlegenheit, sich in einer Umkleidekabine ausziehen und ansehen zu müssen, dass sie gar keine wunderschöne Prinzessin ist, sondern nichts weiter als eine normale Frau, deren Körper mit Fettdellen übersät ist. Bei einer Handtasche besteht noch nicht einmal die Gefahr, dass ihr irgend etwas nicht passen könnte.

Was erwartet Männer, wenn ihre Frau aufgeregt nach Hause kommt und nicht nur ihre Handtasche, sondern auch eine Tüte mitbringt?

Die Frau hat etwas gekauft.

Etwas Besonderes.

Etwas, ohne das sie nicht mehr hätte weiterleben können.

Und das sie nun unbedingt herzeigen muss.

Weil es einfach zu aufregend ist.

»Weißt du was? Das musst du dir unbedingt ansehen. Ich habe etwas wirklich Unglaubliches entdeckt. Ein mattierendes Make-up mit finalem Pudereffekt. Kannst du dir vorstellen, wie lange ich danach gesucht habe?«

Nein, das kann ein Mann sich nicht vorstellen. Und an dem Tag, an dem er es könnte, wäre er ebenfalls imstande, unter Wasser zu atmen, einen russischen Zupfkuchen zu backen oder den Unterschied zwischen Mohair- und Angorawolle zu erfühlen.

Das Furchtbare an shoppenden Frauen ist gar nicht so sehr die Menge der Dinge, die sie kaufen, und die Unsummen, die sie dafür ausgeben, das Schlimme sind vielmehr die vielen unnützen und total sinnlosen Dinge, die Frauen kaufen. Vor allem an Kleidern.

Die fünf Modesünden, die jede Frau einmal in ihrem Leben begeht:

1. *Felle*

Einmal im Leben kauft sich jede Frau einen Mantel, in den ein weißes Wollfell eingewoben ist, das an den Ärmeln und am Kragen aus dem Mantelinneren hervorquillt. Irgendwann nach drei oder vier Jahren holt man das Ding wieder aus dem Schrank, schlägt noch einmal mit aller Kraft drauf, um ganz sicher zu sein, dass es auch wirklich tot ist, und schmeißt es weg, weil es langsam angefangen hat zu riechen. Die Frau hat diesen Mantel vielleicht zweimal getragen. Dann war das weiße Fell schmutzig. Waschen konnte man es natürlich nicht.

2. *Leggings*

Es scheint Frauen zu geben, denen das Gen fehlt, das sonst dafür verantwortlich ist, in einem Menschen Peinlichkeit auszulösen. Woran man diese Frauen erkennt? An ihren buntbedruckten Leggings. Als in den

Achtzigern die Aerobic-Welle auch über Deutschland schwappte, hinterließ sie eine traurige Spur modischer Verwüstung. Frauen trugen plötzlich rosafarbene Stulpen, gigantische Ohrringe, Strick und eben auch jene engen Leggings. Und sie hören seitdem auch nicht mehr auf damit. Wenn es sich dabei wenigstens nur um Frauen handeln würde, die durch häufiges Praktizieren von Aerobic entsprechend geformte Beine vorweisen können, wäre das Unglück vielleicht noch zu ertragen. Da aber vor allem dickleibige Frauen mit Beinen wie Eichenstämmen sich in solche Leggings zwängen, haben die Männer nicht nur den Glauben an den gesunden Menschenverstand, sondern auch den Glauben an Gottes Schöpfungskraft verloren.

3. *Minirock*

Ja, Oma und Opa hatten damals recht, als sie sagten, dass der Minirock direkt in der Hölle designt und gestrickt wurde. Seither zieht er die Frauen an wie das Licht die Motten. So einen Minirock, den müssen sie einfach haben, damit die Männer mit begehrlichen Blikken ihre Beine umschmeicheln. Doch kaum hat eine Frau ihren neuen Minirock angezogen, bemerkt sie, dass ihre Beine zu krumm, zu dick und an den entscheidenden Stellen doch nicht mit so straffer Haut versehen sind, wie sie es vor fünf Minuten noch geglaubt hat. Ginge sie so auf die Straße, würden die Blicke der Männer keineswegs mehr begehrlich sein, sondern begleitet von einem leicht spöttischen Lächeln. Diese Schweine!

Und schon ist eine Frau bereit, ihre Seele dem Teufel beziehungsweise Haus und Hof dem Schönheitschirurgen zu verkaufen. Der Preis? Ein paar lange wohlgeformte Beine, passend zum neuen Minirock. Wie gesagt, Oma und Opa hatten recht.

4. *Lachsfarbene Kleidung*

Frauen sind süchtig nach Farben. Während die Kleidung von Männern zu 73 Prozent schwarz ist,[65] besitzt eine Frau Kleidung in hundertvierundachtzig verschiedenen Kolorierungen, darunter auch eine lachsfarbene Bluse. Das Gemeine an dieser lachsfarbenen Bluse ist, dass sie todschick aussieht, solange sie am Kleiderbügel hängt und nicht von der menschlichen Hautfarbe kontrastiert wird. Zieht eine Frau die lachsfarbene Bluse doch einmal an, sieht sie nur noch aus wie ein Schwein auf der Flucht vor dem Metzger.

---

[65] Die restlichen 27 Prozent setzen sich wie folgt zusammen:
ein Hawaiihemd (mit siebzehn im Urlaub auf Mallorca gekauft, niemals mehr angezogen)
ein rotes Hemd (um auf Partys als leidenschaftlicher Typ zu gelten)
sieben karierte Hemden (fürs Büro)
sechzehn Paar blaue Socken (von denen neun Stück ein trauriges Dasein als Einzelsocken führen, seit die Waschmaschine ihren Partner gefressen hat)
ein weißes WM-Trikot der deutschen Fußballnationalmannschaft von 1990 (passt leider nicht mehr)
vier Paar rosa Unterwäsche (die früher mal weiß war, bevor sie zusammen mit dem roten Hemd gewaschen wurde).

5. die Latzhose

Die Latzhose ist ein Fehler, den Frauen mit siebzehn, mit siebenundzwanzig, eventuell auch mit einunddreißig, ganz sicher aber wieder mit vierundvierzig machen. Latzhosen wirken auf Frauen so funktional. Eine Frau, die eine Latzhose trägt, fühlt sich plötzlich, als könne sie einen Nagel in die Wand schlagen, ohne sich dabei mit dem Hammer auf die Finger zu hauen. Oder die Reifen an ihrem Auto wechseln. Natürlich kann sie beides auch in einer Latzhose nicht. Ansonsten gilt: Latzhosen sind noch immer das einzige Verhütungsmittel, das zu 100 Prozent sicher ist und noch nie versagt hat.

32. Kapitel

In welchem Frauen geil auf den Sinn des Lebens sind, Mahatma Gandhi das Meer in einer Kutsche überquert und der Leser erfährt, wohin die Liebe geht, wenn sie geht.

Neben dem Foltern von Männern und der Jagd nach einer wirklich wirkenden Anti-Cellulitis-Creme gibt es noch eine dritte Sache, mit der sich Frauen sehr ausdauernd befassen können: die Suche nach dem Sinn des Lebens.

Nehmen wir einmal folgendes Beispiel: Ein Mann sitzt mit seiner Frau am Frühstückstisch, er liest Zeitung, und sie überlegt, ob sie noch ein drittes Brötchen essen darf, ohne davon fett zu werden. Plötzlich hört er auf zu lesen und sagt: »Weißt du, Schatz, wenn ich das Meer überqueren will, kann ich das mit einem Schiff tun. Würde ich aber einen Karren oder eine Kutsche benutzen, verschwänden wir auf dem Meeresgrund. Das Mittel ist wie der Same, und das Ergebnis ist der Baum. So wie es eine unzerstörbare Verbindung zwischen dem Mittel und dem Ziel gibt, so besteht auch die Verbindung zwischen dem Samen und dem Baum.«

Was würde seine Frau als nächstes tun?

Sie würde ihrem Mann sanft über den Kopf streicheln, zum Telefon gehen, eine dreistellige Nummer wählen und leise in den Hörer flüstern, dass es jetzt leider soweit sei und man ihren Mann bitte abholen möge.

Nehmen wir nun aber einmal an, der Mann am Frühstückstisch sagt: »Weißt du, Schatz, Mahatma Gandhi hat einmal gesagt, wenn ich das Meer überqueren will, kann ich das mit einem Schiff tun. Würde ich aber einen Karren oder eine Kutsche benutzen, verschwänden wir auf dem Meeresgrund. Das Mittel ist wie der Same, und das Ergebnis ist der Baum. So wie es eine unzerstörbare Verbindung zwischen dem Mittel und dem Ziel gibt, so besteht auch die Verbindung zwischen dem Samen und dem Baum.«

Was würde die Frau dann als nächstes tun?

Sie würde ergeben hauchen: »Mahatma Gandhi, ich wünschte, es gäbe auf der Welt mehr Männer wie ihn. Ich meine, er ist so weise. Er hat einfach gewusst, worauf es im Leben wirklich ankommt.«

Philosophen sind die einzigen Männer, denen Frauen noch mehr zugetan sind als Schwulen und Frauenverstehern. Und warum? Weil Frauen geil sind auf den Sinn des Lebens und die Philosophen sie glauben lassen, dass das Leben tatsächlich einen Sinn hat.

Für Männer ergibt sich daraus übrigens eine einmalige

Gelegenheit. Da die unzähligen Versuche von Frauen, den Sinn des Lebens herbeizureden, samt und sonders gescheitert sind, probieren Frauen immer wieder, den Sinn des Lebens zu ergründen, indem sie mit einem Philosophen Sex haben. Sartre, Nietzsche, Hegel, Beckenbauer. Nicht gerade die schönsten Schafe in Gottes Herde, aber immer einen sinnigen Spruch auf den Lippen und demzufolge massig Frauen am Start, die zu allem bereit waren.

Wie man es anstellt, bei Frauen als Philosoph durchzugehen?

Kein Problem.

Hauchen Sie der Frau einfach bedeutungsschwanger ins Ohr: »Wissen Sie eigentlich, wohin die Liebe geht, wenn sie geht?«

»Nein, o bitte, sagen Sie es mir!«

»Dahin, wohin auch der Wind geht, wenn er nicht weht.«

33. Kapitel

In welchem Männer, die ehrlich zu sich sind, glückliche Truckerfahrer werden und Frauen lügen wie gedruckt.

Männer haben kein Problem damit, der Wahrheit entschlossen ins Auge zu blicken. Selbst die unheilige Dreifaltigkeit von Glatze, Rettungsring und Schweißfuß kann einen Mann nicht im mindesten aus der Ruhe bringen. Wird er eben ein Truckerfahrer.

Zugegeben, Truckerfahrer ist ein Job, der verdammt einsam macht. Schließlich muss ein Truckerfahrer sich ständig mit Zöllnern herumärgern[66] oder achtundvierzig

[66] Jeder Mensch, der einmal mit ansehen durfte, wie ein spanischer Truckerfahrer, der nicht ein einziges Wort einer anderen Sprache als Spanisch spricht, einem polnischen Zöllner zu erklären versucht, was genau die »Sujetapapeles« sind, die er geladen hat, weiß, dass, egal was in seinem Leben noch alles geschehen wird, er den Höhepunkt bereits hinter sich hat. (Sujetapapeles sind übrigens Büroklammern.)

Stunden ohne Pause am Steuer sitzen, um Tütensuppen, Schweinehälften oder Giftmüll durch die Gegend zu fahren.

Aber gibt es einen größeren Spaß, als auf der Autobahn hinter dem Steuer eines Zwölftonners zu sitzen – im TV-Gerät, das im Fahrerhäuschen steht, läuft ein klasse Porno – und einer Frau dabei zuzuschauen, wie sie verzweifelt versucht, einen zu überholen? Und immer, wenn sie sich doch noch ein bisschen fester aufs Gaspedal zu drücken traut, um endlich vorbeizuziehen, gibt man auch noch ein wenig mehr Gas. Es wäre ja schade, wenn die Vorstellung schon nach einer halben Stunde vorüber wäre.

Nein, Truckerfahrer sind glückliche Menschen. Weil sie ehrlich zu sich sind. Und so ehrlich wie Männer zu sich selber sind, sind sie auch zu Frauen.

Wenn ein Mann daher von seiner Frau in einer misslichen Lage ertappt wird und zu ihr sagt, es sei nicht so, wie es aussieht, sollte sie ihm lieber erst zuhören, bevor sie das macht, was eine Frau im allgemeinen macht, wenn der Mann, der ihr ewige Liebe geschworen hat, mit einer anderen im Bett liegt und sagt, es sei nicht so, wie es aussieht.

Sonst gibt es hinterher wieder nur eine Menge Ärger.

Und nicht immer gelingt es einer Anwältin, überzeugend auf verminderte Schuldfähigkeit aufgrund einer stressbedingten psychischen Ausnahmesituation zu plädieren, wenn der Staatsanwalt den Geschworenen gerade geschildert hat, dass es eine ganze Woche dauerte, bevor man in der gemeinsamen Wohnung der beiden endlich auch das letzte Stück des Mannes gefunden hatte, der nur noch sagen konnte: »Schatz, es ist nicht so, wie es aussieht.« Das waren seine letzten Worte. Leider konnte er keine Erklärung mehr abgeben.

Frauen dagegen lügen wie gedruckt.

Am häufigsten auf die Fragen: »Verhütest du?« und: »Na, wie war ich?«

In bezug auf die Wahrheit verhalten sich Frauen wie jene Anwälte, die das Gesetz nach Strich und Faden beugen, aber nie brechen. Wird eine Frau in einer Boutique von einer Verkäuferin gefragt, welche Kleidergröße sie habe, schwört die Frau laut und deutlich vor allen Anwesenden: »Sechsunddreißig, so wahr mir Gott helfe.« Obwohl sie ganz offensichtlich froh sein kann, wenn sie in eine Vierundvierzig reinpasst. Dabei hat die Frau ein vollkommen reines Gewissen. Als Legitimation für ihre Aussage reicht es ihr vollkommen, dass sie – wenn es sich irgendwie einrichten ließe – gerne Größe Sechsunddreißig statt Vierundvierzig hätte.

Aber auch ansonsten sind Frauen nie um eine gute Ausrede verlegen. Beispielsweise kann ein Streit wegen ein paar Boutiquenrechnungen ganz schön ins Auge gehen, wenn die Frau die erstbeste Gelegenheit nutzt und einem wenig später auf einer Geburtstagsfeier beim Öffnen einer Champagnerflasche den Korken ins Auge schießt. Und hinterher beteuert sie glaubhaft, dass es vollkommen unabsichtlich geschah. Dabei haben alle Anwesenden genau gesehen, wie die Frau gezielt hat.

Wie gesagt, ohne mit der Wimper zu zucken, antworten Frauen auf die Frage, welche Konfektionsgröße sie haben: »Sechsunddreißig.« Und was macht ein netter Mann daraufhin? Er kauft seiner Frau ein sündhaft teures und traumhaft schönes Abendkleid in dieser Größe. Und schon gibt's jede Menge Ärger unterm Weihnachtsbaum. Viele Männer mussten bereits leidvoll erfahren, dass auch die Behauptung einer Frau, sie könne kochen, zwar partiell stimmt. Aber man hätte sie besser fragen sollen, ob man das auch essen kann, was sie da so kocht.[67]

Weil sie selbst es mit der Wahrheit nicht immer so genau nehmen, vermuten Frauen ständig, dass Männer sie nach Strich und Faden hintergehen. Nicht zuletzt deshalb gestaltet sich das Zusammenleben zwischen Männern und Frauen so kompliziert. Ein Beispiel:

> Ein Mann und eine Frau liegen im Bett, nachdem sie wilden, leidenschaftlichen und stundenlangen Sex hatten.
>
> Sagt die Frau: »Du musst mich lieben. Du musst jeden Tag auf meinem Busen einschlafen, und wenn

---

[67] Noch immer leben Tausende Models in der irrigen Annahme, dass es bereits als Kochen gilt, wenn man auf einem Löffel über einer Kerze Kokain heiß machen kann. Das stimmt natürlich nicht. Erst wenn man dabei auch diesen leicht nussigen Geschmack im Abgang hinbekommt, ist man ein wahrer Experte.

ich am Morgen aufwache, dann ist das erste, was du zu mir sagen musst, dass du mich liebst.«

Antwortet der Mann: »Aber das tue ich doch schon jeden Morgen. Und jeden Morgen sagst du, ich würde dich anlügen.«

Wenn eine Frau etwas noch mehr braucht als einen Mann, der ihr ständig sagt, dass er sie auf immer und ewig lieben werde, dann sind das Komplimente.

Sie möchte hören, wie schön ihre Augen sind, dass man beim Anblick ihrer Beine an nichts anderes mehr denken könne als an wilden, leidenschaftlichen und stundenlangen Sex, dass ihr Hintern der beste der Welt sei und ihre Brüste der einzige und wahrhaftige Grund, an Gott zu glauben.

Frauen lieben Komplimente.

Männer dagegen gehen mit Komplimenten äußerst sparsam um. Nicht etwa, weil es ihnen an Phantasie oder Kreativität mangeln würde.

Männer gehen mit Komplimenten sparsam um, weil sie so ehrlich sind.

34. Kapitel

In welchem von einer Droge berichtet wird, nach der alle Frauen süchtig sind, und von der damit verbundenen Beschaffungskriminalität, die oft dazu führt, dass die Frauen plötzlich aussehen wie Frankensteins Braut.

Frauen sind Junkies. Alle paar Stunden brauchen sie ein neues Kompliment.

Sind sie auch nur einen Tag auf Entzug, beginnen sie zu zittern, zu schwitzen und unter Schlaflosigkeit zu leiden. Oftmals sind mit dem Entzug auch Wahnvorstellungen (»Du liebst mich nicht mehr!«) und schwere Depressionen verbunden.

Mittlerweile hat die Beschaffungskriminalität komplimentsüchtiger Frauen die absurdesten Formen angenommen und ist zu einem schwerwiegenden gesellschaftlichen Problem geworden.

Mit einem Push-up-BH aufgemotzte Dekolletés treffen auf tiefergelegte Ausschnitte in der Bluse. Röcke müssen so kurz sein, dass jeder die Farbe des Slips gut sehen kann, wenn sich die Frau hinsetzt – sofern sie überhaupt einen Slip trägt. Statt Heroin spritzen sich die Komplimentjunkies Botox. Zähne werden gebleacht, die Körperbehaarung weggelasert, das böse Fett abgesaugt.

Und das alles nur, um einen Mann sagen zu hören: »Schatz, du siehst heute wieder einmal umwerfend aus.«

Das Problem dabei ist nur, dass eine fünfzigjährige mit Botox aufgespritzte, fettabgesaugte und gebleachte Frau, die sich wie eine Zwanzigjährige anzieht, selten umwerfend aussieht, sondern eher gute Chancen auf den ersten Platz bei einem Frankensteins-Braut-Lookalike-Contest hat.

Daher tendieren die wahrheitsliebenden Männer in solch einem Fall eher zu dem Satz: »Für dein Alter hast du dich aber ganz gut gehalten.«

Für einen Mann ist das ein optimales Kompliment. Er muss nicht schwindeln, und die Frau hat etwas, worüber sie sich freuen kann.

Tut sie aber natürlich nicht.

In Sachen Komplimente kommen Frauen und Männer daher noch seltener zusammen als beim Sex.

Aber nicht nur die Wahrheitsliebe macht die Männer-Frauen-Komplimente-Beziehung so schwierig. Ein weiterer Grund ist das Vertrauen eines Mannes auf ein gutes Gedächtnis.

Ein Mann lebt in der festen Überzeugung, dass eine Frau sich den Satz: »Liebling, ich finde dich wahnsinnig attraktiv und begehrenswert und will nie wieder etwas von anderen Frauen wissen«, diesen wirklich nicht allzu komplizierten oder langen Satz, durchaus mal für ein paar Tage, wenn nicht gar Wochen merken kann. Und er nicht gezwungen ist, diesen Satz ständig zu wiederholen.

Sollte sich an der Tatsache, dass dieser Mann seine Frau wahnsinnig attraktiv und begehrenswert findet, etwas ändern und er vielleicht doch wieder etwas von anderen Frauen wissen wollen, dann wird er ihr schon rechtzeitig Bescheid geben.

35. Kapitel

In welchem eine Frau sich von Turnschuhsud ernährt, der Jo-Jo-Effekt noch einmal richtig beschrieben und das Kuriosum des gefühlten Gewichts erklärt wird, das bei Frauen häufig auftritt.

Wenn ein Mann nur glaubhaft genug rüberbringt, dass man garantiert abnimmt, wenn man seine drei Jahre alten Turnschuhe auskocht und sich anschließend eine Woche lang ausschließlich von dem so entstandenen Sud ernährt, würde eine Frau es früher oder später versuchen.

Es gibt nichts, was Frauen noch nicht als Diät eingesetzt haben.

Es gibt die Kohlsuppen-Diät.

Die Artischocken-Diät.

Die Pflaumensaft-Diät.

Die Stachelbeeren-Diät.

Die Eier-Diät.

Die Nudel-Diät.

Die Vitamin-A-Diät.
Die Vitamin-B-Diät.
Die Vitamin-C-Diät.
Die Valium-Diät.
Die Soja-Diät.
Die Kartoffel-Diät.
Die Bohnen-Diät.
Die Kräuter-Diät.
Die Sahnetorten-Diät.
Die Montignac-Methode.
Die Atkins-Diät.
Die South-Beach-Diät.
Die Klaus-Peter-Schulze-Diät.
Die Glyx-Diät.
Die Job-Diät.
Die Crash-Diät.
Die FDH-Diät.
Die besonders beliebte Du-kannst-alles-essen-was-du-willst-Diät.
Die Brigitte-Diät.
Die Weight-Watchers-Diät.
Die Low-Fat-Diät.
Die Low-Carb-Diät.

Keine dieser Diäten funktioniert.

Schuld daran ist der sogenannte Jo-Jo-Effekt. Der Jo-Jo-Effekt beschreibt ein unglaublich heimtückisches Phänomen, und er funktioniert so:

Wochenlang muss eine arme Frau bei einer ihrer sinnlosen Diäten darben und unbeschreibliche Qualen durchleiden, die fast so schlimm sind wie der Geburtsschmerz. Dann ist es endlich soweit: Sensationelle dreihundertachtundsechzig Gramm sind runtergehungert.

Und was macht die stolze Frau als erstes? Sie legt sich eine komplett neue Garderobe zu (eine Nummer kleiner) und trifft sich mit all ihren Freundinnen zum Kaffeetrinken, um ihnen die frohe Kunde zu überbringen und die hautengen, perfekt sitzenden Tops vorzuführen. Nach einem Stück Sahnetorte und zwei Latte macchiato wiegt die Frau genausoviel wie vorher.

Das ist der sogenannte Jo-Jo-Effekt.

Das wirklich Blöde an Diäten ist aber nicht, dass sie nicht funktionieren, sondern dass Männer sie immer mitmachen müssen. Da sind Konflikte vorprogrammiert. Denn bei Nahrungsmitteln gilt eine einfache Regel: Alles, was schmeckt, macht dick.

Also streichen die Frauen alles, was schmeckt, vom Speiseplan. Und so müssen die Männer Dinge essen, die die Menschheit ohne den Diätwahn der Frauen gar nicht als Nahrungsmittel kennen würde. Molkedrinks zum Beispiel. Cola light. Oder aber Joghurt mit 0,1 Prozent Fett.

Noch komplizierter wird es, wenn die Frau Diät macht, obwohl sie gar nicht dick ist. Schuld daran ist das Phänomen des gefühlten Gewichts, das man sich analog zur »gefühlten Temperatur« vorstellen kann.

Die Sache mit der gefühlten Temperatur funktioniert so: Draußen herrschen erträgliche dreiundzwanzig Grad.

Durch das komplizierte Zusammenspiel von Wind, Luftfeuchtigkeit und die Tatsache, dass die Frau es mal wieder geschafft hat, sich vollkommen nackt anzuziehen,[68] fühlen sich diese erträglichen dreiundzwanzig Grad gar nicht wie dreiundzwanzig, sondern wie unerträgliche minus zehn Grad an.

Und genauso verhält es sich mit dem Gewicht der Frauen.

Da sind neunundfünfzig Kilogramm perfekt auf eine Körpergröße von 1,74 Metern verteilt, aber durch das komplizierte Zusammenspiel von Wind, Luftfeuchtigkeit und die Fotostrecken in Frauenmagazinen fühlen sich diese perfekten neunundfünfzig Kilogramm für eine Frau an wie monströse hundertzehn.

Deshalb gibt es die nächsten Wochen Kohlsuppe.

Zum Frühstück, zum Mittag- und zum Abendessen.

Ungesalzen.

Denn Salz schwemmt auf.

Und während ihr Mann von den Blähungen schier zerrissen wird, versucht er zu verstehen, warum seine Frau ihrem Gefühl eigentlich mehr vertraut als dem unbestechlichen Zeiger ihrer Waage.

---

[68] Vor allem Frauen, die in der Musikbranche tätig sind, beherrschen die Kunst, gleichzeitig nackt und trotzdem angezogen zu sein, perfekt. Immer dann, wenn man zum Beispiel bei einem Musikvideo glaubt, gleich kriege man alles zu sehen, schiebt sich ganz unvermittelt doch noch von irgendwoher ein winziges Stück Stoff ins Blickfeld, das verhindert, dass der Jugendschutz das Video als pornographisch einstuft.

36. Kapitel

In welchem vor der größten Gefahr gewarnt wird, die auf einen Mann wartet, der seine Frau zu verstehen versucht: der tödliche Satz.

Immer und immer wieder haben Männer versucht, ihre Frauen zu verstehen. Sie redeten mit ihnen, sie hörten ihnen zu, sie langweilten sich. Aber immer und immer wieder scheiterten selbst die Tapfersten an dem einen Satz, dem tödlichen Satz.

Der tödliche Satz besteht aus fünf Wörtern. Fünf Wörter, die eine Frau leichtzüngig dahersagen kann und die sich für einen Mann genauso anfühlen, als hätte ihm ein Wikinger gerade mit der Streitaxt den Schädel gespalten.

Es ist ein langer und mühsamer Weg hin zu diesem tödlichen Satz. Dieser Weg nimmt seinen Anfang in einem Wohnzimmer, in dem ein Mann und eine Frau friedlich beieinandersitzen. Er erfährt gerade im Sportteil seiner Zeitung, warum es für seinen Lieblingsverein wie in den hundertsechsunddreißig Jahren zuvor auch in dieser Saison wieder nicht zur Meisterschaft reichen wird. Sie hat gerade ihre Fingernägel fertig lackiert und wartet nun, dass der Lack trocknet. Und während sie wartet, kommt ihr ein Gedanke. Und diesen Gedanken will sie nicht für sich behalten. Und so beginnen beide gemeinsam jenen Weg zu gehen, der sie zu jenem tödlichen Satz führen wird, mit dem eine Frau bisher noch jeden Mann zur Strecke gebracht hat.

Sie: »Du liebst mich nicht mehr.«
Er: »Wie kommst du denn jetzt darauf?«
»Du liebst mich nicht mehr.«[69]
»Aber natürlich liebe ich dich noch!«
»Nein, du liebst mich nicht mehr.«
»Aha, und woran merkst du das, bitte schön, dass ich dich nicht mehr liebe?«
»Siehst du, du gibst es also zu.«
»Gar nichts habe ich zugegeben. Ich habe dich nur gefragt, woran du merkst, dass ich dich nicht mehr liebe.«
»Wenn du mich noch lieben würdest, dann wüsstest du das ganz genau.«

---

[69] Obacht: Immer dann, wenn eine Frau keinerlei Interesse zeigt, auf die Frage eines Mannes zu antworten, die sich auf eine zuvor von ihr getätigte Aussage bezieht, steht der Ausbruch des Vulkans unmittelbar bevor. Und da der Mann mitten drin im Krater sitzt, ist seine Rettung unmöglich.

»Entschuldige bitte, dass ich damals in der Schule immer geschwänzt habe, als das Gedankenlesen dran war.«

»Sehr komisch! Du bist so herzlos und kalt geworden. Du interessierst dich nicht einmal dafür, warum ich denke, dass du mich nicht mehr liebst.«

»Wie bitte? Bist du jetzt vollkommen übergeschnappt?«

»Siehst du, jetzt fängst du auch noch an, mich zu beleidigen.«

»Entschuldige bitte, ich wollte dich nicht verletzen. Aber du kannst doch nicht eine Minute nachdem ich dich gefragt habe, warum du denkst, dass ich dich nicht mehr liebe, behaupten, dass ich kein Interesse daran hätte zu erfahren, wie du auf so einen Gedanken kommst. Ich habe dich doch eben gerade danach gefragt.«

»Ich, ich, ich ... immer redest du nur über dich. Für mich interessierst du dich kein bisschen. Du lässt mich ja nicht einmal zu Wort kommen.«

»Ich habe doch nur gesagt, dass ich dich bereits gefragt habe, wie du auf den Gedanken kommst, dass ich dich nicht mehr liebe. Es interessiert mich also sehr wohl, wie du empfindest und wie es dir geht.«

»Immer verteidigst du dich nur, anstatt mir einmal zuzuhören.«

»Okay, also bitte, ich flehe dich an: Bitte, bitte sag mir, weshalb du denkst, dass ich dich nicht mehr liebe!«

Das ist der Moment, in dem der Mann und die Frau den gemeinsamen Teil des Weges zu Ende gegangen sind. Höchste Zeit für den tödlichen Satz:

»Das verstehst du sowieso nicht.«

»Wie?????«

»Selbst wenn ich es dir jetzt sagen würde, könntest du es ja doch nicht verstehen.«

»Aber du hast es doch noch nicht einmal versucht.«

»Das brauche ich auch nicht.«

»Aber wie kannst du wissen, dass ich es nicht verstehen würde?«

»Ich weiß es einfach.«

»Aber was ist, wenn ich es doch begreifen würde? Dann hätten wir wenigstens eine Chance, das Problem zu lösen.«

»Nein, das hat keinen Zweck.«

»Aber versuch es doch wenigstens, du hast doch nichts zu verlieren.«

»Nein, das ist sinnlos, du verstehst mich ja doch nicht.«

Und spätestens das ist der Moment, in dem einem Mann die ihm sonst innewohnende Leichtigkeit des Seins unerträglich wird und in dem er begreift, dass sein Kopf explodieren wird, wenn er auch nur eine einzige Sekunde länger darüber nachdenkt, was er da gerade gehört hat.

Einfach so explodieren.

Und dass das eigentlich nicht das Schlechteste wäre.

37. Kapitel

In welchem eine Frau weint, ein Mann sich wünscht, ausgepeitscht zu werden, und im Pokerspiel des Lebens die Trümpfe mal wieder sehr einseitig verteilt sind.

Tränen sind die Währung, mit der sich Frauen alles kaufen können.

Vor allem Männer.

Damit sie anschließend genügend Geld für Schuhe und Handtaschen haben.

Deshalb weinen Frauen bei jeder sich bietenden Gelegenheit: Im Fernsehen läuft ein Film mit Brad Pitt, die beste Freundin zieht wegen eines Typen, der genauso aussieht wie Brad Pitt, in eine andere Stadt, der eigene Freund sieht nicht im Entferntesten aus wie Brad Pitt. Oder aber die Frauen heulen, weil sie sich einen Fingernagel abgebrochen haben.

Sieht ein Mann eine weinende Frau, wünscht er sich nichts sehnlicher, als ein berüchtigter Pirat zu sein, der gerade von den Offizieren Seiner Majestät gefangengesetzt wurde und nun nach dem Kielholen an den Hauptmast der Kriegsfregatte gefesselt und ausgepeitscht wird.

Nicht, dass es ihm Spaß machen würde, ausgepeitscht zu werden. Aber es wäre eine prima Ausrede, warum er sich gerade jetzt nicht darum kümmern kann, die Tränen dieser weinenden Frau zu trocknen.

Tränen setzen Männer unter einen enormen Druck. Ein Mann, der es nicht schafft, die Tränen einer Frau zu trocknen, steht gesellschaftlich auf derselben Stufe wie jemand, der mit Hundewelpen Fußball spielt.[70] Er wird genauso verachtet wie jemand, der seinen Kindern als Gute-Nacht-Geschichte vor dem Einschlafen erzählt, dass unter ihren Betten Monster wohnen, die in der Dunkelheit zum Leben erwachen und am liebsten kleine Füße fressen, die unter der Bettdecke hervorschauen. Er wird genauso geächtet wie derjenige, der für das Glücksrad die Bankrottfelder erfunden hat. Er wird genauso gehasst wie Zahnärzte, die vor jeder Behandlung behaupten, es tue überhaupt nicht weh.

Mit anderen Worten: Ein Mann, dem es nicht gelingt, eine weinende Frau zu trösten, hat im Pokerspiel des Lebens das denkbar schlechteste Blatt auf der Hand. Fünf Arschkarten auf einen Schlag.

Die einzige Chance, die ein Mann hat, der eine wei-

---

[70] Und die Welpen sind der Ball.

nende Frau trösten muss, ist, zu ihr hinzugehen und sich für alles zu entschuldigen, was ihr jemals von jemand anderem angetan wurde.

38. Kapitel

In welchem von der einzigen Sache auf der Welt berichtet wird, die Frauen noch öfter machen können als weinen, und im Gehirn eines Mannes ein Blitz einschlägt.

Das einzige, was Frauen noch öfter machen können als weinen, ist frieren.

Die Kälte und die Frauen bilden eine ähnliche Schicksalsgemeinschaft wie einst Frodo Beutlin und Sam Gamdschie auf ihrem Weg zum Schicksalsberg.

Frauen frieren bereits im gemäßigten mitteleuropäischen Kontinentalklima so häufig, dass ein Mann sich beim Gedanken an die in der ewigen Eiswüste lebenden Eskimos nicht sorgt, wo diese genug zu essen herbekommen, sondern wie sie es den ganzen Tag mit ihren Frauen aushalten.

Angeblich haben Eskimos dreiunddreißig Worte für Schnee. Genauso viele wie Frauen fürs Frieren.

Das Interessante daran ist aber nicht, wie häufig die

Frauen frieren, viel spektakulärer ist, dass Frauen sogar frieren, wenn es gar nicht kalt ist.

Ein kleines Haus in Mykonos,[71] direkt an einem traumhaften Sandstrand mit azurblauem Meer, in dem Hunderte bunter Fische schwimmen. Dreißig Grad im Schatten. – Was ist das?

Jeder Mann würde sagen: perfekt. Genau. Das ist für eine Frau der perfekte Moment, um zu frieren.

Und sie spricht jene drei magischen Worte, die für einen Mann das Ende eines Tages bedeuten, der wirklich hätte schön werden können.

»Mir ist kalt.«[72]

Natürlich ist ein Mann, der gerade auf der mit dreißig Grad außerordentlich wohltemperierten Veranda seines Hauses in Mykonos sitzt und auf das azurblaue Meer blickt, in dem Hunderte bunter Fische schwimmen, nicht in der Lage, diesen Satz zu verstehen.

Ein im Umgang mit Frauen geschulter Mann weiß aber, dass er nun ein echtes Problem hat.

Er kann nicht einfach antworten: »Ach, das ist aber interessant, erzähl doch mal!« Ganz schlecht funktioniert auch ein einfaches, aber ehrliches: »Wieso?«

Wenn eine Frau sagt, ihr sei kalt, will sie weder dar-

---

[71] Mit Satellitenschüssel auf dem Dach, um am Wochenende die *Sportschau* zu gucken.

[72] Dieser Satz ist für das Gehirn der analog denkenden Männer wie ein Blitzschlag aus dem Frauenuniversum, in dem für die Gesetze der Physik ebensowenig Platz ist wie für die der Mathematik.

über reden noch gibt sie sich mit geheucheltem Interesse an ihrer Situation zufrieden. Wenn eine Frau sagt, ihr sei kalt, will sie, dass das aufhört.

Und zwar sofort.

Was aber, wenn es wirklich einmal kalt ist?

Zum Beispiel nach einem Schneesturm, der eine kleine oberbayerische Gemeinde von der Außenwelt abgeschnitten hat. Just an jenem Tag, an dem der Sohn des Bürgermeisters das gesamte Dorf zu seiner exorbitanten Hochzeitsfeier geladen hat, die er von dem Geld bezahlt, das sein Vater verdient hat, indem er den Bauern der Umgebung ihr wertloses Land billig abgeknöpft hat, wohlwissend, dass die Landesregierung genau dort den Bau einer neuen Autobahn plant und ihm dieses Land wenig später für ein Vielfaches des Kaufpreises abkaufen muss. Wenn man an ebendiesem Tag trotz des dichten Schneegestöbers noch das Thermometer ablesen könnte, das neben der Haustür hängt, würde man sehen, dass es eine Temperatur von minus dreißig Grad anzeigt. Und man würde sich vielleicht ein wenig darüber wundern, dass ein Thermometer eine solch niedrige Temperatur überhaupt anzeigen kann.

Minus dreißig Grad sind eine Temperatur, die einem Mann Respekt einflößt.[73] Und er zieht sich – Hoch-

[73] Bei minus dreißig Grad würde zum Beispiel kein Mann mehr auf den Gedanken kommen, sein bestes Stück herauszuholen, um seinen Namen in den Schnee zu pinkeln. Zu tief sitzt die Angst vor Gefrierbrand,

zeit hin oder her – zwei Paar Socken, seine langen Unterhosen und unter seinen dicksten Pullover noch drei T-Shirts an. Wohlwissend, dass es in der Kirche arschkalt sein wird und dass er später beim Bankett im Gasthof *Zum Hirschen* ja ein paar Schichten wieder ausziehen kann. Währenddessen zwängt sich seine Frau in ein hauchdünnes durchsichtiges Negligé, von dem sie steif und fest behauptet, es sei ein ganz normales Kleid.

An so einem Tag interessiert sich eine Frau merkwürdigerweise überhaupt nicht für die tatsächlichen Temperaturen. Da reicht es ihr aus, sich an dem Gedanken zu wärmen, von allen anwesenden Frauen das heißeste Kleid anzuhaben.

Und wenn ihr Mann vergisst, ihr das mindestens zehnmal an diesem Abend zu sagen, sollte er sich, sobald er wieder zu Hause ist, verdammt warm anziehen.

---

wie man ihn aus der Toppits-Werbung kennt. Und noch tiefer sitzt die Angst, dass minus dreißig Grad so kalt sind, dass der Strahl schon in der Luft festfrieren könnte. Kein Mann weiß, ob diese Geschichte wahr ist oder überhaupt wahr werden kann. Aber es will auch kein Mann der erste sein, der herausfindet, dass diese Geschichte stimmt.

39. Kapitel

In welchem eine Frau sich fühlt, als hätte sie gerade die deutsche Fußballmeisterschaft gewonnen, und ein Mann sich entschließt, in Zukunft weniger Sex zu haben als der Glöckner von Notre-Dame.

Es reicht einer Frau nicht, dass man ihr jeden Tag *sagt*, wie sehr man sie liebt und begehrt.

Sie will es *schriftlich*.

Die Rede ist vom Heiraten.

Das Heiraten hat für Frauen ungefähr denselben Stellenwert wie für einen Mann die Meisterschaft seines Lieblingsvereins. Man kann zwar auch ohne leben, und eigentlich ist alles nach ein paar Wochen schon wieder vergessen, aber es ist doch ein sehr bewegender Moment, wenn der Mannschaftskapitän nach den Strapazen einer langen Saison endlich unter dem Jubel der anwesenden Gäste die Meisterschale empfängt. Nur dass Frauen statt der Schale einen Ring überreicht bekommen.

Normalerweise wird beim Akt der Trauung folgendes Gelöbnis gesprochen:

»Möchtest du, Heinz Müller, die hier anwesende Pamela Jessica Strunz zu deiner rechtmäßig angetrauten Ehefrau nehmen, sie lieben, achten und ehren in guten wie in schlechten Tagen, bis dass der Tod euch scheidet? So antworte mit: Ja, ich will!«

Würde man dieses Gelöbnis ehrlich formulieren, ginge es so:

»Möchtest du, Heinz Müller, die hier anwesende Pamela Jessica Strunz zu deiner rechtmäßig angetrauten Ehefrau nehmen, sie lieben, achten und ehren in schlechten wie in schlechten Tagen, ihr all dein Geld geben, all deine besten Kumpels nie wiedersehen[74] und seltener Sex haben als der Glöckner von Notre-Dame, bis ich euch in sieben Jahren scheide? So antworte mit: Ja, ich will!«

Das wäre zwar nicht so romantisch, aber ehrlich.

Allein die Hochzeitsvorbereitungen stürzen ein bis dato zufriedenes Paar ins Unglück. Sie will in einem Schloss heiraten. Er hat gerade mal genug Geld für ein

---

[74] Frauen wirken auf eine Männerfreundschaft genauso wie ein Salzsäurebad auf den menschlichen Körper: zersetzend. Die Beatles zum Beispiel, vier lustige Typen, die einfach nur Spaß hatten, und kaum kam Yoko, wurde einer von ihnen erschossen, zwei kennt heute keine Sau mehr, und der vierte gibt zwar noch hin und wieder Konzerte und verdient Millionen, hat aber keinen einzigen Song mehr geschrieben, der auch nur annähernd so gut wie einer der Beatles-Songs war. Danke auch noch mal, Yoko.

Pilspub. Er will ein Fest mit seinen besten Freunden. Sie kann seine besten Freunde nicht ausstehen.

Selbst unrettbar hässliche Frauen versuchen sich einen Mann zu angeln, indem sie ihn mit einer Heiratsannonce hereinlegen. In diesen Annoncen verwenden sie besonders häufig folgende Worte, um sich selbst zu beschreiben:

Hübsch.

Attraktiv.

Sehr attraktiv.

Wirklich gutaussehend.

Schlank.

Phantastische Figur.

Sexy.

Traumfrau.

Das Wort, mit dem sie den Mann beschreiben, den sie suchen, lautet: vermögend.[75]

Eigentlich müssten bei einem Mann sofort sämtliche Alarmglocken läuten, dass jene sehr attraktive, sexy Traumfrau mit ihrer phantastischen Figur noch keinen Mann gefunden haben soll und nun per Heiratsannonce

---

[75] Insgesamt acht von dreißig zufällig ausgewählten Heirats- und Bekanntschaftsanzeigen von Frauen in einer überregionalen deutschen Tageszeitung verlangten von dem gesuchten Mann explizit, »vermögend« oder »gutsituiert« zu sein. Bei zehn weiteren Annoncen ließen die Freizeitinteressen der Frauen (Golf, Reisen, gute Restaurants, Kultur) auf einen doch eher kostspieligen Lebenswandel schließen. Die Eigenbeschreibungen der Frauen wurden ebenfalls diesen dreißig zufällig ausgewählten Anzeigen entnommen.

nach einem sucht. Aber auch hier haben die weiblichen Marketinggenies ganze Arbeit geleistet und ein hilfreiches Gerücht in die Welt gesetzt.

Das Gerücht geht so: Die tollsten, gutaussehendsten, sexhungrigsten Frauen der Welt leiden unter dem schrecklichen Problem, dass sie so toll und gut aussehen, dass Männer sie nicht mehr anzusprechen wagen, weil sie denken, dass diese tollen und gutaussehenden, sexhungrigen Frauen bestimmt schon vergeben sind, oder aber weil diese Männer Angst davor haben, von dieser tollen und gutaussehenden, sexhungrigen Frau sowieso einen Korb zu bekommen, weil sie ihr nicht genügend bieten können. Dabei sehnen sich diese tollen, gutaussehenden, sexhungrigen Frauen nach nichts anderem als einem einfachen und normalen Mann, der nur ein klein wenig hübscher als der Teufel ist, fünfundvierzig Stunden in der Woche arbeiten muss und zwölfhundert Euro netto im Monat nach Hause bringt.

Deshalb grübeln die Männer stundenlang über ihren Briefen, mit denen sie hoffen, das Herz einer jener tollen, gutaussehenden und sexhungrigen Frauen zu gewinnen, die sich bestimmt hinter einer der vielversprechenden Heiratsannoncen verbirgt. Einen Monat später sitzen sie dann mit einer roten Rose in der Hand in einem Café in der Innenstadt einem hundertzwanzig Kilogramm schweren, unförmigen Etwas gegenüber, das einen mit den Worten begrüßt: »Hallo, die Schokosahnetorte hier ist wirklich sehr zu empfehlen. Ich hatte schon zwei Stückchen. Hast du auch genügend Geld dabei? Wo stecken eigentlich schon wieder die Kinder? Die waren doch eben noch hier.«

Das ist der Moment, in dem ein Mann begreift, dass auch die Flugzeuge im Bauch abstürzen können. Und er reiht sich ein in die lange Liste gebrochener Männer, die die Liebe suchten, aber letzten Endes nur eine Frau fanden.

Außer Geld gibt es jedoch noch einen anderen wichtigen Grund, warum Frauen so wild aufs Heiraten sind. Ihre Einzigartigkeit.

Nichts bestätigt eine Frau mehr in ihrem Glauben, das schönste und begehrenswerteste Geschöpf zu sein, das der liebe Gott je über Mutter Erde hat wandeln lassen, als einen Mann dazu zu bringen, sie zu heiraten. Und ihn schwören zu lassen, dass sie die wunderbarste, beste und eben einzige Frau in seinem Leben sein wird.

Manche Frauen werden von diesem starken Glücksgefühl dermaßen übermannt, dass sie das dringende Bedürfnis verspüren, gleich drei- oder viermal in ihrem Leben vor den Traualtar zu treten.

Für einen Mann dagegen bedeutet die Frage seiner Frau, ob er sich vorstellen könne, noch einmal zu heiraten (»Zum Beispiel, wenn mir etwas passiert. Wenn ich im nächsten Monat sterbe. Würdest du wieder heiraten?«), dass ihn ein Gespräch erwartet, das sich in nichts davon unterscheidet, als würde er mit verbundenen Augen den Weg durch ein gefährliches Moor antreten. Ein falscher Schritt, und er wird jämmerlich versinken:

Sie (neugierig): »Und? Würdest du wieder heiraten?«
Er (hilflos): »Keine Ahnung, woher soll ich das wissen?«
Sie (schmeichelnd): »Aber so etwas weiß man doch. Ich meine, grundsätzlich. Könntest du dir das vorstellen, wieder zu heiraten?«
Er (hilflos): »Ich weiß es wirklich nicht. Ich bin doch keine Kristallkugel.«
Sie (lockend): »Aber wenn mir wirklich etwas passiert ... Würdest du dann für immer allein bleiben wollen?«
Er (hilflos): »Was soll dir denn passieren? Und warum ausgerechnet jetzt? Du bist doch vollkommen gesund.«
Sie (wissend): »Das ist Schicksal. Es könnte mir alles Mögliche passieren. Was wäre zum Beispiel, wenn in meinem Kopf längst ein tödlicher Tumor wächst? Heute ist er noch haselnussgroß, und morgen wache ich mit furchtbaren Kopfschmerzen auf, die mich umbringen.«
Er (hilflos): »Kann ich nicht versuchen, eine Antwort auf diese Frage zu finden, nachdem du tot bist?«
Sie (bedeutungslos): »Also, mir würde es nichts ausmachen, wenn du wieder heiratest.«
Er (ahnungslos in die Falle tappend): »Also gut, wenn es dir nichts ausmacht, dann heirate ich eben wieder.«

Tja, und schon steht unser Mann knietief im Matsch. Und sinkt. Langsam. Und je mehr er sich bewegt und versucht, der Falle zu entrinnen, um so rascher wird ihn das Ende ereilen.

Sie (interessiert): »Ach so!?! Und wen würdest du heiraten? Ist sie blond oder brünett?«
Er (hilflos): »Was weiß denn ich.«
Sie (höchst interessiert): »Und einen größeren Busen als ich sollte sie wohl auch haben, oder?«
Er (hilflos): »Nein, sie müsste genauso sein wie du.«

Netter Versuch, sich doch noch zu retten. Aber wenn man bereits bis zum Bauchnabel im Morast steckt, ist die Ausgangsposition nicht gerade die beste.

Sie (vernichtend): »Du glaubst also tatsächlich, dass du noch einmal so eine tolle Frau wie mich finden wirst? Und dass sie dich heiraten würde?«
Er (hilflos): »Ich sage nichts mehr ohne meinen Anwalt.«
Sie (gelassen): »*Ich* habe mit *deinem* Anwalt geschlafen. Und damit du es weißt: Wenn dir morgen etwas zustoßen würde, er würde mich sofort heiraten.«

Es bleibt dabei: »Ja, ich will« sagt ein Mann besser nur zu dem Typen an der Imbissbude, der ihn fragt, ob er zu seiner Currywurst auch noch eine Portion Pommes haben möchte.

40. Kapitel

In welchem die Männer ein allerletztes Mal versuchen, die Liebe der Frauen zu gewinnen, aber nur Horst, der anderen mit bloßen Händen den Kopf abreißen kann, Erfolg dabei hat.

Männer brauchen ziemlich wenig, um sich zu verlieben. Meistens reicht ihnen eine Frau.

Wenn ein Mann sich in eine Frau verliebt, dann möchte er, dass sie für immer so bleibt, wie sie ist. Eine Frau dagegen will ihren Mann von der ersten Minute an ändern:

- Seinen Vornamen (Horst).
- Seinen Beruf (Mautkassierer).
- Seinen Kontostand (zu hoch).
- Wie er seine Suppe isst (geräuschvoll).
- Dass er an seinen Socken riecht, nachdem er sie ausgezogen hat.
- Und immer der Meinung ist, dass er sie noch einen weiteren Tag anziehen kann.

- Dass er sich in der Öffentlichkeit am Genital kratzt.
- Dass er im Winter immer wieder versucht, seinen Namen in den Schnee zu pinkeln, wenn er sich auf einem Waldspaziergang unbeobachtet wähnt.

Frauen ticken leider auch in Sachen Liebe ein wenig anders als Männer, die es gern scharf und salzig mögen. Die meisten Frauen bevorzugen bei der Liebe dagegen die Geschmacksrichtung bittersüß. Ihre erste wirklich große Liebe ist immer der Junge mit der Gitarre, der am Lagerfeuer die alten Songs von John Lennon spielt.
Da spielt es auch keine Rolle, dass es dieser Junge in seinem bisherigen Leben als notorischer Frauenverschleißer zu trauriger Berühmtheit gebracht hat und jeder, wirklich jeder am Lagerfeuer weiß, dass dieser Junge grundsätzlich keine Beziehungen pflegt, die länger als drei Stunden dauern.

Apropos John Lennon. John Lennon war es ja auch, der in seinem viel zu kurzen Leben einmal sagte: »Liebe ist die Antwort.«

Aber wie lautet eigentlich die Frage? Darüber müssen sich die Männer immer noch den Kopf zerbrechen. Denn anstatt etwas mit dem netten, gefühlvollen Softie anzufangen, verlieben sich Frauen entweder in die größten Arschlöcher oder aber in die größten Verbrecher.

Kennen Sie dieses Phänomen? Da sitzt ein verurteilter Schwerverbrecher, nennen wir ihn Horst, in seiner Zelle, weil er drei Menschen mit bloßen Händen den Kopf abgerissen hat. Und was macht Horst in seiner Zelle? Er kriegt am laufenden Band Post von Frauen, die ihn gerne kennenlernen wollen und sich bei der nächsten Besuchsgelegenheit von ihm schwängern lassen.

Acht Jahre später kommt der Horst dann wegen guter Führung vorzeitig frei.[76] Kaum ist er um die Ecke des Gefängnisses verschwunden, reißt er wieder jemandem den Kopf ab. Aber das hindert seine geschwängerten Freundinnen nicht daran, auf RTL und Sat1 zu verkünden, dass Horst auch eine sensible Seite habe und sich immer ganz rührend um das gemeinsame Baby sorgt. Wenn Horst nicht gerade jemandem den Kopf abreißt, sei er der liebevollste Mann der Welt.

Das ist sehr beruhigend zu wissen, hilft aber dem gewöhnlichen Durchschnittsmann nicht wirklich weiter bei der Suche nach dem besten Weg, das Herz einer Frau zu erringen.

Apropos erringen. Viele Männer versuchen es mit Schmuck. Grundsätzlich ein guter Gedanke, denn Frauen lieben Schmuck.[77] Doch auch hier gibt es Fehler, die Mann gerne macht, ihm eine Frau aber nie verzeiht.

Die fünf furchtbarsten Männerirrtümer beim Schmuckkauf lauten:

---

[76] Oder aber der Horst hatte einen tollen Fluchthelfer. Seine Psychologin, die ihn für vollkommen unschuldig hält.

[77] Jede Frau weiß schließlich, dass ein Diamant unvergänglich ist und sie das wertvolle Stück auch nach der Trennung behalten darf.

1. *»Teuer ist immer gut«*
Nein, da funktioniert die Psychologie der Frauen schon etwas filigraner. Ein Mann, der einfach das erstbeste sündhaft teure Stück kauft, kommt zwar mit einem sensationellen Schmuckstück nach Hause. Aber das einzige, was er dabei wirklich für die Frau getan hat, war, viel Geld auszugeben.

Erklären wir das Ganze in der für Männer verständlichen Sprache des Fußballs: Geld schießt keine Tore, weil keine Frau beim Schmuckkauf ein liebloses, mit italienischem Catenaccio ermauertes 1:0 erleben will. Gewinnen ist das eine, Begeisterung und wahre Leidenschaft das andere. Und die werden erst durch ein paar wirklich schöne Spielzüge ausgelöst.

Für den Schmuckkauf bedeutet das, ein Stück auszuwählen, zu dem Mann auch eine Geschichte präsentieren kann.

Eine Fünf-Euro-Karstadt-Kette mit Elefantenanhänger wird für eine Frau zum wertvollsten Schatz der Welt, wenn sie erfährt, dass es sich dabei um genau so eine Kette handelt, wie sie der Maharadscha von Kaschmir vor zweihundert Jahren der Liebe seines Lebens schenkte. Er hatte sich in eine Bürgerliche verliebt und musste sich entweder für den Königsthron und ein Leben in Saus und Braus entscheiden oder aber für die Liebe. Er verließ seinen Palast und nahm nichts weiter mit als die Kleider, die er anhatte. In seiner Tasche fand er noch eine Goldmünze. Davon kaufte er diese einfache Kette, mit der er um die Hand seiner Geliebten anhielt. Fortan lebten die beiden mit ihren siebzehn Kindern glücklich in ihrer Fünf-Quadratmeter-Hütte.[78]

2. *»Die merkt doch gar nicht, dass der Ring nur vergoldet ist«*
Für einen Mann sieht ein Ring wie der andere aus. Er könnte nicht mal ein Silberdiadem von einem aus Alufolie gebastelten unterscheiden. Frauen aber sind in der Lage, mit bloßem Auge Karatzahl und Reinheitsgrad eines Diamanten zu erkennen. Erstaunlicherweise sind sie auch immer über die aktuellen Preise informiert, mit denen Diamanten, Gold und Platin an den Weltbörsen gehandelt werden.

In Sachen Schmuck kann Mann einer Frau einfach nichts vormachen. Wer mit billigem Plunder daherkommt, muss schon eine richtig gute Geschichte parat haben (siehe Punkt 1).

Und wer bei einer Preisschwindelei ertappt wird, kann sich auf ein sehr, sehr einsames Leben gefasst machen.

3. *»Hauptsache originell«*
Es gibt Momente im Leben, in denen ist alles zu spät. Und bei einem Ring aus dem Kaugummiautomaten oder einem mit Stacheln besetzten Panzerkettenarmband kann die Geschichte dazu wie aus dem schnulzigsten

[78] Zugegeben, mit dieser Geschichte trägt Mann etwas dick auf. Aber sie funktioniert.

Rosamunde-Pilcher-Roman sein.[79] Es hilft nichts. Ein Mann hat nur einzige Chance, dass ihm eine Frau ein solches »Geschenk« durchgehen lässt: auszusehen wie Brad Pitt.

Leider gibt es nur einen Mann auf der Welt, der genauso aussieht wie Brad Pitt.

4. *»Das sieht doch eh alles gleich aus«*

Kennen Sie diese demütigende Situation, wenn man mit einer Frau vor einem Juweliergeschäft steht, Weihnachten ist nur noch drei Wochen entfernt, und Sie fragen mit unschuldiger Miene: »Na, Schatz, gefällt dir vielleicht etwas?« Innerhalb von drei Millisekunden taxiert die Frau die gesamte Auslage und sagt: »Nein.«

Genau dasselbe hat sie bei den zehn Juweliergeschäften zuvor gesagt. Und genau dasselbe wird sie bei den zehn nächsten Juweliergeschäften sagen. Es ist keine böse Absicht, wirklich nicht. Auf der Welt gibt es vielleicht 153 587 699 271 485 276 (einhundertdreiundfünfzig Billiarden fünfhundertsiebenundachtzig Billionen sechshundertneunundneunzig Milliarden zweihunderteinundsiebzig Millionen vierhundertfünfundachtzigtausendzweihundertsechsundsiebzig) Schmuckstücke. Und es gibt Frauen, die von diesen Schmuckstücken

[79] Zugegeben, ein Roman von Rosamunde Pilcher, in dem ein dornenbesetztes Panzerkettenarmband eine tragende Rolle spielt, könnte durchaus wieder Schwung in den sonst recht vorhersehbaren Pilcherschen Liebesreigen bringen.

exakt 153 587 699 271 485 275 (einhundertdreiundfünfzig Billiarden fünfhundertsiebenundachtzig Billionen sechshundertneunundneunzig Milliarden zweihunderteinundsiebzig Millionen vierhundertfünfundachtzigtausendzweihundertfünfundsiebzig) scheiße finden. Das ist bei Frauen nun einmal so. Und ein Mann, dem das nicht passt, der lässt besser die Finger von ihnen.

5. *»Dann schenk ich ihr halt was anderes«*
Aufgeben ist nicht drin. Selbst nach dem zehnten Griff ins Klo und der Investition einer Summe, für die man sich auch endlich den ersehnten Porsche hätte kaufen können, darf ein Mann niemals aufgeben, seiner Frau Schmuck zu schenken.

Dabeisein ist alles.

Und irgendwie ist das auch ein sehr, sehr schöner Schlusssatz für dieses kleine Buch, der das Dilemma der Männer noch einmal wunderbar auf den Punkt bringt.

Epilog

In welchem ein Dichter von seiner Muse nicht geküsst, sondern ausgemeckert wird und das Geheimnis einer wunderbaren und erfüllten Beziehung zwischen den Geschlechtern verraten wird.

Viele Frauen werden sich beim Lesen dieses Buches erschrocken gefragt haben: »Sind wir wirklich so schlimm?«

Ja.

Früher, da wurde ein Dichter noch von seiner Muse geküsst. Und sogleich wurde ihm ganz warm ums Herz, und er schrieb Gedichte, in denen der Liebreiz und die Schönheit der Frauen in den höchsten Tönen besungen wurden.

Und heute? Heute wird ein Dichter von seiner Muse nicht mehr geküsst, sondern genauso behandelt, wie alle Frauen ihre Männer behandeln: Er wird ausgemeckert. Und schon wird dem armen Dichter ganz kalt an den Füßen, und er schreibt Bücher, in denen die Frauen alles andere als liebreizend und schön sind.

Warum schreibt er solche Bücher?

Erstens natürlich, um sich über die Frauen lustig zu machen und dem einen oder anderen Mann mit ein paar guten Lachern über den Tag zu helfen. Unter Männern, Ehrensache.

Der aufmerksame Leser wird aber – zweitens – zwischen den Zeilen auch eine tiefe Sehnsucht spüren nach jenen Zeiten, als die Welt noch in Ordnung war und das Unglück seinen Lauf noch nicht genommen hatte. Natürlich werden die Männer von heute niemals mehr jene wagemutigen und lebenslustigen Abenteurer von einst sein. Das ist schon in Ordnung. Den meisten Männern würde es ja schon reichen, wenn sie von ihrer Frau ehrlich gemeinten Trost erfahren, weil es für den Lieblingsfußballverein mal wieder nicht zur Meisterschaft gereicht hat.

Und deshalb, liebe Frauen, und natürlich auch liebe Männer, sei an dieser Stelle das ultimative Geheimnis einer wunderbaren und erfüllten Beziehung zwischen den Geschlechtern verraten. Es ist kein einfaches Geheimnis, und man muss eine ganze Weile darüber nachdenken. Aber danach ist alles ganz leicht.

Das Geheimnis geht so:

Verlieren ist wie gewinnen. Nur umgekehrt.

Und genauso ist das auch mit den Männern und Frauen.

Anmerkungen des Verlags

Hallo Männer,

ihr seid der Meinung, dass in diesem Buch die unglaublichsten Geschichten und schonungslosesten Wahrheiten über die Frauen noch gar nicht erzählt wurden? Dann erzählt sie uns! Schickt einfach einen Brief an die unten angegebene Verlagsadresse.

Liebe Frauen,

Sie finden, dass es eine absolute Unverschämtheit ist, sich ein ganzes Buch lang über die armen unterdrückten Frauen lustig zu machen, und möchten den Autor von *Zickenterror* gerne beschimpfen und ihm sagen, dass er ein gefühlloser, beziehungsunfähiger, frauenunterdrükkender Grobian ist, der keine Ahnung vom wunderbaren Wesen der Frauen hat? Nur zu! Schicken Sie einen Brief an die unten angegebene Verlagsadresse. Bitte nur ernstgemeinte Zuschriften mit Bild!

Daniel Wiechmann
c/o Droemer Knaur
Stichwort »Zickenterror«
Hilblestraße 54
80636 München

PS:

Zum Schluss noch eine gute und eine gute Nachricht.

Die erste gute Nachricht: Der Mensch verliert beim Lachen etwa achtzig Kalorien. Frauen, die ihren Humor nicht verloren haben, haben bei der Lektüre dieses Buches also ungefähr acht Kilogramm abgenommen.

Und die zweite gute Nachricht?

Frauen ohne Humor bleiben dick.

»Erotik ist der eingefangene Augenblick. Leben Sie ihn. Trauen Sie sich.«

Anne West

Gute Mädchen tun's im Bett – böse überall

Wer sich traut, hat mehr vom Lieben

Entdecken Sie Ihr erotisches Potenzial! Anne West macht Mut (und Lust!), neue Gefilde der Sexualität zu erkunden und zu tun, wovon Sie sonst nur träumen. Wer genug hat von der Missionarsstellung, findet in dieser leidenschaftlichen Anleitung tausend Ideen mit Gefühl und einer Prise Risiko. Prickelnde und hocherotische Shortstories machen Appetit auf mehr – ganz ohne »Leistungsdruck« und »Erfolgszwang«. Motto: Erlaubt ist, was Spaß macht – und womit beide Partner einverstanden sind.

Knaur Taschenbuch Verlag

Meike Rensch-Bergner

Das Uschi-Prinzip

Von allem nur das Beste

Uschis gelingt es scheinbar mühelos, die Männer nach ihrer Pfeife tanzen zu lassen. Uschis wissen, was Männer wollen – und was sie selber wollen. Uschis machen es sich leicht und haben Erfolg damit. Kurz: Keine intelligente Frau würde sich so verhalten, wie eine Uschi es tut. Und genau das ist ein Fehler.

Meike Rensch-Bergner hatte irgendwann das Single-Dasein satt und keine Lust mehr, die Getränkekästen selbst zu schleppen. Deshalb beschloss sie: Ich will es lernen. Ich will glamourös und glücklich sein – ich werde eine Uschi! Und so schildert sie in diesem wunderbaren Buch ungeschminkt, Episode für Episode, wie das geht – und wie sie als strahlende Uschi ihrem Leben eine überraschende Wende gab.

Knaur Taschenbuch Verlag

Karin Pittermann / Simone Falk

Unbeschreiblich weiblich

oder: Warum Frauen ohne Handtasche an Phantomschmerzen leiden

Sündhaft teure Kosmetik, aberwitzige Frisurenexperimente, Toilettengänge im Doppel. Und nicht zu vergessen: der ewige Kampf mit der Figur – zwischen Dauer-Diäten, Frustfressen und dem Stochern auf fremden Tellern. Frauen sind rätselhafte Wesen, das wissen sie selbst nur zu gut.

Auf humorvoll-ironische Weise widmen sich Simone Falk und Karin Pittermann den seltsamen Ritualen der Frauen. Sie klären auf, wo Aufklärungsbedarf besteht, und machen Mut, die vermeintliche Mackenplage als das zu nehmen, was sie ist: wunderbar weiblich.

Die wunderbare Welt weiblicher Macken – humorvoll und selbstironisch auf den Punkt gebracht.

Knaur Taschenbuch Verlag